"十四五"职业教育国家规划教材 新媒体·新传播·新运营系列丛书

丛书主编 秋叶

和秋叶一起学

直播营销

蔡勤 李圆圆◎主编

庄明星 卢文玉◎副主编

第3版—慕课版

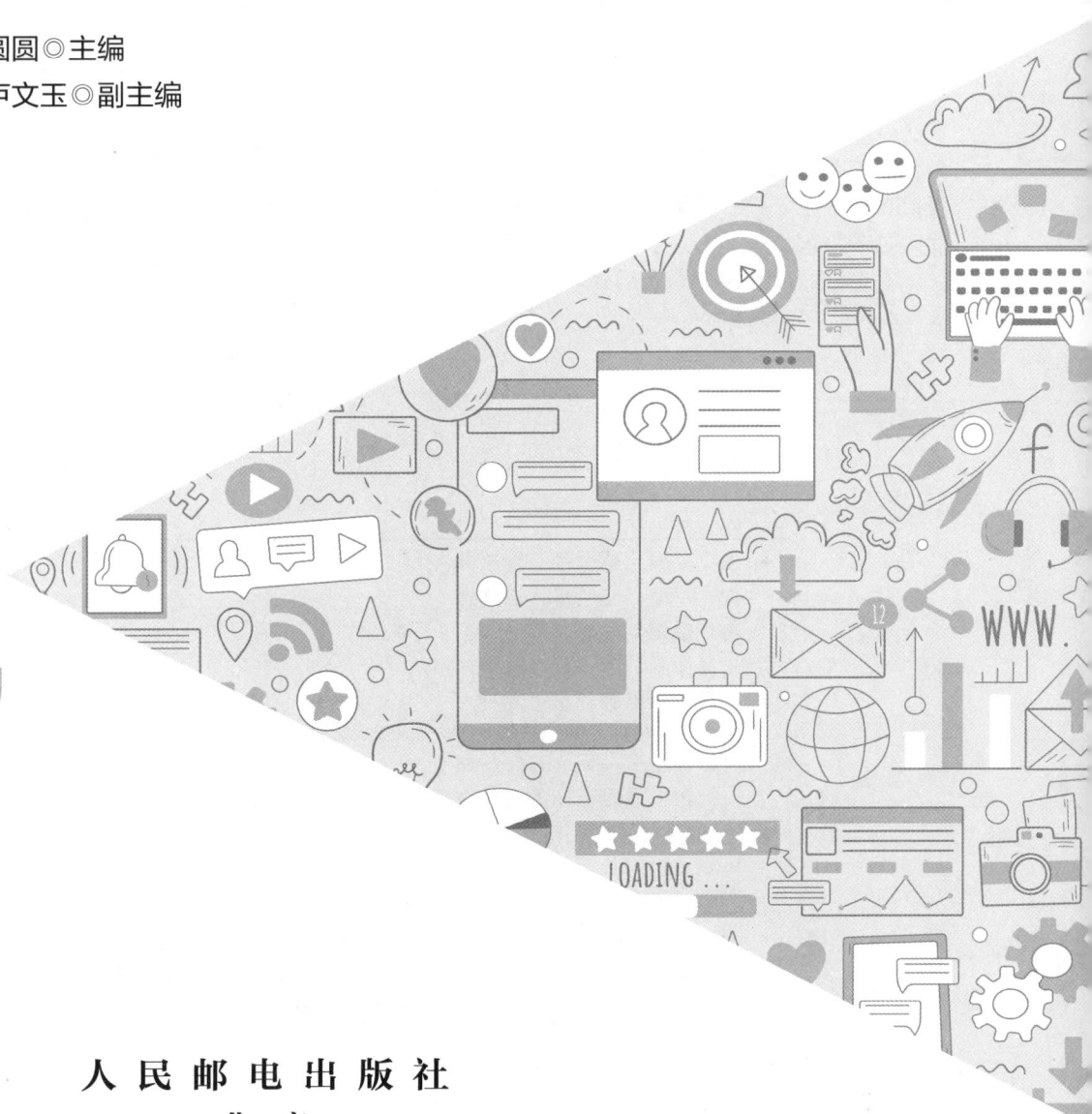

人民邮电出版社

北京

图书在版编目（CIP）数据

直播营销：慕课版 / 蔡勤，李圆圆主编. -- 3版
. -- 北京：人民邮电出版社，2024.3
（新媒体·新传播·新运营系列丛书）
ISBN 978-7-115-63709-3

Ⅰ. ①直… Ⅱ. ①蔡… ②李… Ⅲ. ①网络营销
Ⅳ. ①F713.365.2

中国国家版本馆CIP数据核字(2024)第031079号

内 容 提 要

本书共分为 11 章。第 1 章主要介绍了直播的基本概念、发展历程、营销价值，直播营销的行业解析、行业痛点和发展趋势；第 2 章至第 7 章从直播营销的平台选择、直播账号定位设计、直播营销的团队构建、直播营销的主播打造、直播营销的策划与筹备、直播营销的商品规划等方面介绍了直播前期各个环节的准备工作；第 8 章至第 10 章分别介绍了直播前的引流预告、直播间的营销管理、直播复盘；第 11 章介绍了几个知名直播团队的成功案例，以期给读者带来启发，让读者学习到优秀主播及其团队的运营经验。

本书既可作为高等院校市场营销、电子商务等专业的教学用书，也适合新媒体营销的学习者和从业者阅读。

◆ 主　　编　蔡　勤　李圆圆
　　副 主 编　庄明星　卢文玉
　　责任编辑　连震月
　　责任印制　王　郁　彭志环

◆ 人民邮电出版社出版发行　　北京市丰台区成寿寺路 11 号
　　邮编　100164　　电子邮件　315@ptpress.com.cn
　　网址　https://www.ptpress.com.cn
　　三河市中晟雅豪印务有限公司印刷

◆ 开本：787×1092　1/16
　　印张：12.25　　　　　　　　　2024 年 3 月第 3 版
　　字数：246 千字　　　　　　　2025 年 6 月河北第 9 次印刷

定价：49.80 元

读者服务热线：(010)81055256　印装质量热线：(010)81055316
反盗版热线：(010)81055315

编写背景

党的二十大报告指出："加快发展数字经济，促进数字经济和实体经济深度融合，打造具有国际竞争力的数字产业集群。"直播这一形式将是发展数字经济的有力支撑。当下，"直播+"作为新时代的新商业模式，正在创造新市场。

对个人来说，直播是一个展现自我的机会；而对各行各业的企业来说，直播可以带动线上销售，也可以为线下门店导流，还可以让企业的品牌更加立体地呈现在用户面前，进一步增强用户黏性。因此，从 2019 年开始，个人、企业纷纷涌入直播行业。2022 年，天猫"双十一"期间，62 个淘宝直播间成交额过亿元，632 个淘宝直播间成交额逾千万元。中国互联网络信息中心（CNNIC）发布的第 52 次《中国互联网络发展状况统计报告》数据显示，截至 2023 年 6 月，我国网民规模为 10.79 亿人，网络支付用户规模达 9.43 亿人，网络购物用户规模达 8.84 亿人，网络直播用户规模达 7.65 亿人。其中，电商直播用户规模为 5.26 亿人。由此可见，电商直播已经成为网民最喜爱的新兴购物方式之一。

电商直播行业取得惊人成绩背后，是越来越多的名人和知名企业携手入局。与之相对应，一些跟风入局的普通从业者和不知名的小品牌，由于缺乏影响力，缺乏资源支持，缺乏有效的方法，在直播赛场上只能场场"重在参与"。

对普通人而言，电商直播是不是"风口"呢？用户聚集的地方，是容易获取流量和注意力的地方，也是极具商业潜力的地方，因此电商直播是"风口"。但要想抓住"风口"，就需要理解规律、知晓策略，还需要关注细节、认真执行。越是缺乏资源支持的直播从业者，越不能盲目运营，越需要对行业有充分的了解，需要有效的运营方法和团队的精准执行。

为了更好地满足新媒体相关专业的学生和相关从业人员的学习需求，编者根据实际的直播策划思路与运营经验，结合当前的直播营销方法，对之前出版的《直播营销（第 2 版）》进行改版，希望能够将直播行业的知识和技能系统地呈现给读者。

本书特色

1. 知识体系完整

本书遵循由浅入深的原则，从直播运营的角度，讲解直播营销过程中每一个环节的知识点和操作技巧。通过认真阅读本书，读者可以了解直播的整个营销流程，建立完整的知识体系。

2. 内容实操性强

本书按照实践需求进行理论讲解，并将重点放在实操技能上，无论是刚接触直播行业的新人，还是从事直播行业多年的工作者，都能从本书中学到一定的实战技巧。另外，本书列举了大量精彩的实战案例，读者可以从中汲取丰富的经验。

3. 注重思考练习

本书精心设计了"课堂讨论"和"思考与练习"，旨在引导读者结合实际，尽快吸收所学知识点，在实际工作中真正地学以致用。

4. 配套慕课视频

本书配套了慕课视频资源，读者扫描封面二维码即可随时随地观看视频，学习直播营销的实战技巧和经验。

教学建议

本书适合作为高等院校直播营销课程的教材，如果院校选用本书作为教学用书，建议安排32～48 学时。

编著说明

本书由蔡勤、李圆圆任主编，由庄明星、卢文玉任副主编。编者在编写本书的过程中，参考了业内学者、从业者的研究成果和经验，编者在此对所有为本书编写提供过帮助的人表示衷心的感谢。由于行业的发展以及平台的迭代较快，书中所写内容难免有不足之处，敬请各位读者批评指正。

编者

2024 年 2 月

目录

PART 01

第 1 章
认识直播和直播营销

知识目标

➤ 理解直播的含义。

➤ 了解直播的发展历程。

➤ 理解直播的营销价值。

➤ 了解直播营销面临的挑战和未来的发展趋势。

素养目标

➤ 贯彻新发展理念，促进直播营销行业高质量发展。

➤ 加强遵纪守法意识，规范直播，营造清朗直播环境。

➤ 提高理论修养，提升直播营销的文化内涵和社会价值。

　　网络直播通过网络为用户直播内容，越来越受到人们的关注。直播营销是指利用网络直播平台进行营销的活动，它重构了"人、货、场"，具有较强的互动性、时效性和较广的覆盖面等，是企业进行品牌宣传、商品推广的重要手段。

1.1 认识直播

如今，直播已经成为这个时代的代表行业之一，很多电商软件、社交软件增加了直播功能。似乎在一夜之间，直播行业成为风口，成为特别火爆的行业。

其实，直播并不是突然火爆的，直播的繁荣，是很多因素作用的结果。学习以下内容，有助于我们了解直播繁荣的缘由。

1.1.1 直播的由来

"直播"一词由来已久。在传统媒体时代，就已经有基于电视或广播的现场直播形式，如晚会直播、访谈直播、体育比赛直播、新闻直播等。那时，"直播"一词是指"广播、电视节目的后期合成、播出同时进行的播出方式"。

后来，随着互联网的发展，尤其是智能手机的普及和移动互联网网速的提升，直播的概念有了新的延展，越来越多的基于互联网的直播形式开始出现。自此以后，直播的含义，更倾向于"网络直播"。

当下俗称的"直播"，即网络直播，也叫互联网直播，是指用户在 PC（Personal Computer，个人计算机）端或移动端安装直播软件后，利用摄像头对某个事物、事件或场景进行实时记录，并在直播平台实时呈现，同时，其他用户可以在直播平台直接观看与实时互动的活动。

相对于过去静态的图文内容，如今的直播主要以视频的形式向用户传递信息，表现形式也更加立体化，且能实现实时互动，因而更容易吸引用户的注意力，继而得到了蓬勃的发展。

课堂讨论

做一个小调查，问问有多少同学看过直播，在哪些平台看过直播，以及为什么会去看直播。

1.1.2 直播的发展历程

在互联网上，文字是内容传播的最初形式，这种形式持续了很多年。后来，互联网上出现了图片，图文随之成为信息传播的主流形式。之后，视频出现了，但受网速的限制，视频并没有迅速流行起来。如今，随着高速网络的普及，用户对视频的需求呈现爆发式的增长，直播作为提供视频内容的有效形式，得以快速发展。

直播的发展历程，从某种程度上看，也是直播营销价值的发掘过程。从这个角度看，直播的发展历程共分为四个阶段，如图 1-1 所示。

直播1.0时代 PC端秀场直播	直播2.0时代 PC端游戏直播	直播3.0时代 移动端直播	直播4.0时代 电商直播
2005年，视频直播开始在我国出现，"9158""YY""六间房"是早期秀场直播的代表	2014年，斗鱼和虎牙相继成立，正式拉开了游戏直播的大幕	随着移动互联网技术的不断升级，移动端直播带动了直播内容的延伸	2016年，淘宝、京东等主流电商平台相继上线直播功能，直播的营销价值开始被挖掘，直播"带货"开始发展并成为潮流

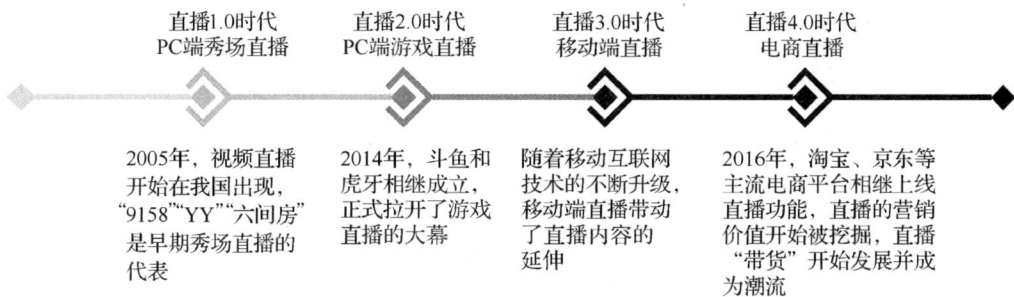

图 1-1　直播的发展历程

1. 直播 1.0 时代：PC 端秀场直播

网络速度和硬件水平是影响互联网直播发展的主要因素。受这两个因素的制约，最初的互联网直播，并不能支持用户同时打开多款软件进行"一边玩游戏，一边直播"或"一边看体育比赛，一边做解说"等操作，仅支持用户利用 PC 端网页或移动端观看秀场直播。

秀场是公众展示自己能力的互联网空间，从 2005 年开始在我国兴起。2005 年，"9158"网站成立，其业务模式以文化娱乐为主。自成立起，"9158"网站汇集了大量"草根"明星和平民偶像，逐步发展成"网络红人"、歌手、"草根"明星的发源地之一。2006 年，"六间房"网站成立，与"9158"网站共同成为视频直播的早期主流平台。

2. 直播 2.0 时代：PC 端游戏直播

随着计算机硬件的发展，用户可以打开计算机进行多线操作，"一边听 YY 语音直播，一边玩游戏"的直播形式开始出现，游戏直播开始兴起。

与此同时，一系列游戏直播平台开始出现。

2008 年，主打语音直播的"YY 语音"面世，并受到游戏玩家的推崇。在早期网络游戏领域，使用 YY 语音进行游戏沟通成为游戏爱好者的共同习惯。

2011 年，美国 Twitch.TV 从 Justin.TV 分离，独立成为首家游戏直播平台，主打游戏直播及互动。随后，YY 游戏直播于 2013 年上线，斗鱼直播于 2014 年上线，我国 PC 端游戏直播平台初具规模。

在游戏直播发展的初期，很多主播在自己的直播间推销鼠标、键盘、摄像头等计算机外设。这种"直播+推销"的模式，是当时主播创收的重要方式，也是直播商业化的早期形式。

3. 直播 3.0 时代：移动端直播

随着智能手机硬件的不断升级，移动互联网逐步提速降费，移动端直播时代来临，与之对应的是大批移动端直播网站的火爆。

2015 年，映客、熊猫、花椒等网站纷纷布局移动端直播市场，相关直播创业公司也顺势成立，市场上最多时有 300 余个直播平台。

2016 年，移动端直播市场迎来了真正的爆发期，移动端的视频直播备受各大直播平台的青睐。移动端直播市场发展迅速，直播内容也快速延伸至生活的方方面面，包括聊天、购物、游戏、旅游等。

2017 年，经过一年多的行业洗牌，市场上知名度较高的移动端直播平台仅剩数十家，其中具有代表性的平台有花椒直播、映客直播、一直播等。

花椒直播平台利用"演员+主播"的形式，采用请演员助阵、对演员进行专访、让演员做主播等方式，迅速占领了移动端直播的一部分市场。映客直播平台与音乐人、综艺节目、演员合作，邀请当红演员入驻，也迅速"刷爆"朋友圈。一直播作为微博的直播战略合作伙伴，其运营形式与微博的"演员带动用户"的策略相似，通过邀请数百位演员在直播中与用户互动，直接带动了一直播平台用户规模的扩大。

在这一阶段，直播的商业变现功能依然处于探索中。然而，直播所拥有的流量、社交属性、媒体属性，以及内容展现的场景化和互动特点，决定了直播营销价值的存在。

4. 直播 4.0 时代：电商直播

2016 年 5 月，一款专注时尚女性消费的软件"蘑菇街"上线了直播功能，该功能成为其新的盈利点，使其营收明显改观。随后，蘑菇街把企业的管理重心转移到了直播业务，在"电商+直播"领域占据了领先的优势。

同年，淘宝正式上线直播功能，随后各个电商平台也纷纷开启直播功能。

随后，淘宝和京东相继推出了直播达人扶持计划，为平台的直播业务投入了大量的资金。

虽然电商直播让直播行业获得了巨大的经济效益，但是在直播行业飞速成长的 2016 年，电商直播的用户关注度和媒体关注度还是比其他类型的直播稍逊一筹。

2017 年，淘宝直播和天猫直播合并，阿里巴巴开始加速布局电商直播；而快手也推出了具有平台保障的直播"带货"渠道，实现了快速挖掘平台用户消费潜力的目的。在随后的 2018 年和 2019 年，淘宝和快手通过电商直播达成的交易金额都快速增长。

2020 年年初，众多商家和品牌线下生意受阻，抖音、快手等兴趣电商平台却逆势而上，"直播+电商"形式被用户普遍接受。这一次，从商场里的售货员，到企业管理者，都走进了直播间，进行直播"带货"。兴趣电商基于强大的算法，为用户提供个性化推荐。例如，算法通过用户画像，结合作品的关键词将符合相应用户画像特点的内容投放给相关用户，用户对这些推荐进行选择后，会留下点击和观看时长的记录，系统会记录投放效果并根据用户的选择进行模型优化，从而为用户提供差异化服务和定制性内容。此外，兴趣电商不再局限于营销场景，展现了更丰富的场景。例如，主播可带用户逛街，可在镜头前烹饪，甚至可以一边照顾线下生意一边直播等。丰富的直播场景满足了用户的多元需求，因此备受用户喜爱，有的"陪伴型"直播间的用户停留时长甚至能超过 30 分钟。

2020 年 7 月 6 日，"互联网营销师"正式成为国家认证的职业，为"带货"主播提供了职业化发展的道路，同时也为电商"带货"的市场化和规范化增设了一层保障，使电商直播获得了更好的发展。

课堂讨论

在直播的发展历程中，给你印象最深的是哪个阶段？有哪些标志性的事件或人物？

1.2 直播的营销价值

近两年，直播火爆的主要原因在于其营销价值的充分挖掘。正是因为看到了直播在营销方面的潜力，许多行业的人员才积极涌入直播行业，将直播营销作为新时代营销战略之一。

直播的营销价值，主要体现为"人、货、场"三要素的有效重构，以及直播具备的独特营销优势。

1.2.1 重构"人、货、场"三要素

营销的本质是连接商品和用户，而连接方式就是构建消费场景。商品简称为"货"，用户即"人"，消费场景是"场"。"人、货、场"，即营销的三要素。

直播营销是一种基于直播媒体的新型营销方式，并没有脱离"人、货、场"三要素，而是有效重构了"人、货、场"三要素，更符合用户的购物体验，因此是一种高效的新商业模式，具体表现如下。

1. 人

直播营销中的"人"有两个元素：用户和主播。

传统的营销方式以"货"为核心，围绕"场"进行布局，"人"（用户）到"场"中买"货"，销售人员为用户提供销售服务；而直播营销则以"人"（用户和主播）为中心，围绕"人"（用户和主播）进行"货"和"场"的布局。

用户是直播营销的基础元素，决定着一场直播的营销成果。而决定用户是否在直播间互动甚至产生购买行为的一个关键因素就是主播的营销能力。

在一场直播营销中，主播的考评依据，并不仅仅在于其影响力、名气或"粉丝"量，还在于主播是否充分了解用户需求，能否根据用户的需求选出好的商品，能否跟供应商谈成低价和争取有足够吸引力的福利，能否通过直观的讲解减少用户的消费决策成本。

优秀的主播往往具备以下三个方面的能力。

（1）熟悉商品，能熟练而专业地展示商品的优点。

（2）有鲜明的特色、人设、风格、个人魅力。

（3）能够使用合适的话术，打动用户。

当然，如今的直播营销，已经不是由主播一个人完成的，而是由一个运营团队在主播背后出谋划策及支撑运营的。

2. 货

"货"指直播间销售的商品。与传统营销的"先有货，货找人"的方式不同，直播营销需要主播先站在用户角度去"选货"（即"选品"），再整合供应链及制定优惠的价格，最后通过主播在直播间对"货"的充分展示引导用户产生购买行为。在这一系列的营销环节中，选品决定了直播营销的效果。

在直播营销中，选品的原则是选择低价、高频使用、刚需、展示性强、标准化高的商品。在此基础上，若能满足以下四个方面，就更容易获得良好的销售成绩。

第一，符合定位。即所选商品应符合直播间的定位、主播的人设。

第二，亲测好用。主播只有认真用过，才能做到深度了解商品，把真实的体验传达给用户。主播如果只是像一个播报机器人一样读商品简介或说明书，不但无法打动用户，而且随时都可能"翻车"。

第三，优化品类组合。主播可以将不同类型的商品做成商品组合，保障直播间的收益。

第四，有售后保障。用户通过直播间下单后，收到货发现有问题，主播若不能及时、有效地处理，就会失去用户的信任。直播间若失去用户，营销活动也就无法继续。因此，主播选品时，要选择售后有保障的商品。

3. 场

"场"，主要是指消费场景，是为连接"人"和"货"而存在的。在直播营销中，"场"的意义在于：主播通过实时互动，搭建消费场景，引发用户的消费欲望，促使用户产生消费行为。

目前，用户通过观看直播产生消费行为，主要有以下六种场景模式。

（1）碎片式场景。用户利用碎片化时间浏览抖音、快手等平台内容，看到自己关注的主播在直播，进入直播间观看后被"种草"（推荐），于是下单购买。

（2）社交式场景。用户在微信群看到朋友推荐主播的直播链接，可能会点进去观看，发现恰好对主播介绍的商品有需求，且认为价格便宜，于是下单，还关注了主播的账号。

（3）消遣式场景。用户在下班回家路上或吃过晚饭休息时，随手点进直播间，看到直播间的商品是自己需要的，从而产生购买行为。

（4）需求式场景。用户有购物需求时，去逛淘宝、京东、抖音等，发现一些店铺正在直播，通过直播更加直观地感受商品，还可以实时互动咨询，从而产生购买行为。

（5）沉浸式场景。用户像看综艺节目一样，观看直播。这种直播通过主题、内容、环境构建、主播与嘉宾间的现场互动展示商品的使用场景，使用户对商品产生更好的了解。所见即所得，于是用户忍不住下单。

（6）追星式场景。一些头部主播有强大的影响力和多人粉丝群，在开播前会在粉丝群及关联的自媒体平台进行直播预告，粉丝会准时进入直播间观看直播。

> **课堂讨论**
>
> 观看一场以销售商品为目的的直播，思考其中的人、货、场分别是什么。

1.2.2 直播的营销优势

2022 年，天猫"双十一"活动期间，62 个淘宝直播间成交额过亿元，632 个淘宝直播间成交额在千万元以上，新主播成交额同比增长 345%。同期，抖音 7667 个直播间销售额超过百万元。2022 年 9 月以来，淘宝直播开展 20 万场"村播"，吸引超过 7 亿次用户观看，带动 400 万订单量，有力促进了三农产业发展。近年，各类线下店面、企业及品牌纷纷转战直播营销行业，直播营销领域呈现出一派生机盎然的景象。直播之所以能受到企业、品牌和商家的青睐，是因为其具备以下七大优势。

1. 更高效的销售服务

任何一个直播间，可同时接待的用户数量远远超过线下导购场景，能在短时间内服务更多的潜在用户。

2. 更个性的信息传递

在直播间，主播可以根据用户的个性化需求有选择地展示用户感兴趣的商品，并充分地展示商品的特点。

3. 更快捷的场景导入

用户在网店浏览商品图文详情页或翻看商品参数时，需要在大脑中自行构建场景；而直播营销完全可以将主播试吃、试玩、试用等过程直观地展示在用户面前，更快捷地将用户带入营销所需场景。

4. 更真实的商品感知

直播具有即时性的特点，能增强用户对商品的真实感知，提升其消费信赖感。

5. 更及时的销售互动

用户在直播间提问后，可以获得即时反馈，主播也可以通过用户在直播间的真实情绪快速做出反应，缩短用户的消费决策时间。

6. 更活跃的营销氛围

在直播间，用户更容易受到环境的影响而产生消费行为。这种环境影响，可能是基于"看到很多人都下单了"的"从众心理"，也可能是因为"感觉主播使用这款商品效果不错"产生的"榜样效应"，还可能是主播话术里的紧迫感触发的"稀缺心理"。不管具体原因是什么，在主播营造的氛围下，用户更容易产生消费欲望。

7. 更直接的营销反馈

直播间的互动是双向的、即时的，主播将直播内容呈现给用户的同时，用户也可以通过弹幕的形式，分享体验。借助直播，主播可以收集老用户的使用反馈和新用户的观看反馈，从而有针对性地在后续的直播中改进和优化。

如今，几乎所有的电商平台都开通了商家直播功能；各大自媒体平台，如以知乎、今日头条为代表的文字平台，以喜马拉雅为代表的语音平台等，也都开放了直播功能。诸多平台的入局，让直播营销几乎成为各行各业从业者的营销"标配"，而"一场直播卖货千万元甚至上亿元"的案例，各大平台已经屡见不鲜了。

课堂讨论

观看一场以销售商品为目的的直播，体验直播营销的过程，记录自己的心理变化。

1.3　直播营销的行业解析

直播团队需要从直播营销的主要形式、产业链结构、合作与收益分配方式三个角度了解直播营销行业。

1.3.1　直播营销的主要形式

直播营销，并不是主播简单地在直播间"叫卖"商品。直播间的直播营销方式有很多种。直播营销的主要形式如表 1-1 所示。

表 1-1　直播营销的主要形式

直播营销形式	直播间形式	直播内容	商品来源
推销式直播	自己搭建的室内直播间	主播讲解并展示商品，通过一些促销方式引导用户做出购买决策	合作品牌的商品
产地式直播	商品的原产地或生产车间	展示商品真实的生产环境、生产过程，通过展示"真实感"引导用户做出购买决策	合作地区的农商品、合作品牌的商品

续表

直播营销形式	直播间形式	直播内容	商品来源
基地式直播	向基地运营方交纳基地服务费，使用直播基地提供的直播间	主播讲解并展示商品，通过丰富的品类及有吸引力的价格策略，引导用户做出购买决策	直播基地的商品，这些商品往往有店铺链接，主播可一键上架到自己的直播间
体验式直播	自己搭建的室内直播间	在直播间，主播现场对商品进行加工、制作，向用户展示商品经过加工后的真实状态或商品的使用过程，唤起用户的体验兴趣，吸引用户做出购买决策	自制商品，或者品牌商提供的商品，主要类别是食品、小型家电等
砍价式直播	自己搭建的室内直播间或品牌商提供的直播间	主播先向用户分析商品的优缺点，并告诉用户商品的价格区间，待确定用户有一定的购买意愿后，主播再向品牌商砍价，为用户争取更优惠的价格	多为合作品牌的商品
"快拍"式直播	自己搭建的室内直播间	向用户推荐库存量有限的商品，吸引用户快速做出购买决策	多为合作品牌的商品
知识类直播	自己搭建的室内直播间	主播以授课的方式在直播中分享一些有价值的知识或技巧，在获得用户的信任后，再推荐合作商品或与所分享知识相关的在线教育类服务	多为合作品牌的商品，或者与所分享知识相关的在线教育类服务
才艺式直播	自己搭建的室内直播间	主播通过直播表演舞蹈、脱口秀、魔术等才艺，并在表演才艺的过程中使用要推广的商品，如与才艺表演相关的服装、鞋、乐器等	多为合作品牌的商品
测评式直播	自己搭建的室内直播间	主播边拆箱边介绍箱子里面的商品，客观地描述商品的特点和使用体验，让用户真实、全面地了解商品的功能、性能等，从而让用户产生购买意愿和做出购买决策	多为合作品牌的商品，品类多为数码商品
访谈式直播	自己搭建的室内直播间	围绕与商品相关的某个主题，主播与嘉宾通过互动交谈的方式阐述自己的观点和看法，向用户介绍商品的独特功能和使用方法，吸引用户做出购买决策	多为合作品牌的商品
海淘式直播	在国外商场或免税店进行直播	主播在国外商场或免税店进行直播，展示国外商场或免税店的商品及选购过程，提升用户的信任度，引导用户做出购买决策	国外商场或免税店销售的商品
日常式直播	日常生活场所	对主播个人而言，其可以直播日常生活的内容；对企业来说，其也可以直播企业的日常工作场景，如研发新品的过程、生产商品的过程、领导开会的情景、员工的工作状态、办公室趣事等。通过这些趣味内容的直播，提升用户对主播和直播间的黏性	对直播团队来说，其可以推荐合作品牌的商品；对企业的直播部门来说，其可以在直播间推荐企业自己的商品或合作商的商品

看一场知名主播的"带货"直播，想一想它属于什么形式的直播。

1.3.2 直播营销的产业链结构

在直播营销的产业链中，商品供应方、多频道网络（Multi-Channel Network，MCN）机构、主播、直播平台的加入，使营销中"人、货、场"三要素重新排列组合，使之呈现出不同于传统营销的产业链结构。

图 1-2 所示为直播营销的产业链结构示意图。在直播营销产业链中，上游主要为供应商，如品牌商、经销商、制造商等，中游主要为 MCN 机构、主播和直播平台，下游为用户。

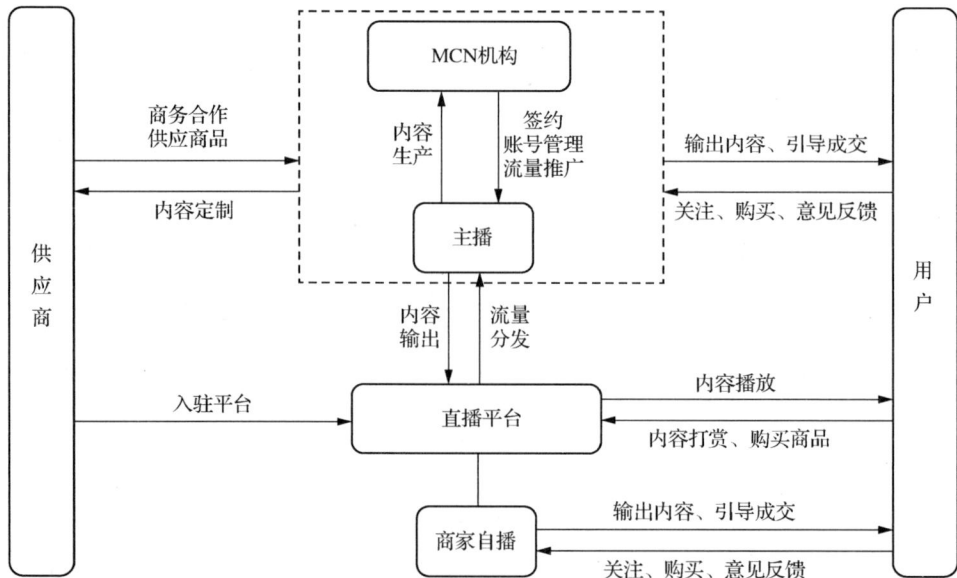

图 1-2　直播营销的产业链结构示意图

MCN 机构和主播是直播营销产业链的核心，起着连接供应端和需求端的作用。

一方面，在供应端，MCN 机构和主播连接供应商，为供应商的商品策划定制化内容。其中，MCN 机构可以为供应商对接适合的主播，并为主播提供账号管理、流量推广等运营方面的支持。MCN 机构有助于个人主播快速成长。

另一方面，在需求端，MCN 机构和主播连接用户，可以搜集用户的消费反馈，通过大数据分析用户偏好，并反馈给供应商，从而帮助供应商进行商品结构的优化。

直播平台负责搭建和维护场景，制定相关规则，并要求所有平台用户遵守。主播在直播平台输出内容，引导用户成交；用户在直播平台观看直播，购买商品，对主播进行打赏等。因此，直播平台的收入来源主要包括主播的打赏分成、主播"带货"所带来的销量分成和营销推广服务收入。

此外，供应商也可以入驻直播平台进行直播，即"商家自播"模式。在这种模式中，供应商自己的工作人员可以在直播间担任主播，输出直播内容，完成"带货"。

当然，一些已经拥有一定品牌效应的头部主播也可以根据用户需求打造自有品牌，即"自建供应商"模式。在这种模式下，主播需要先建立自有品牌，然后再委托有实力的制造商进行商品的研发、设计、生产及后期维护，从而实现自有品牌的商品供应。

课堂讨论

观看一场主播的"带货"直播和一场商家自播的直播，观察两场直播的营销效果有什么不同。

1.3.3　直播营销的合作与收益分配方式

一般情况下，直播营销的合作主要是指供应商和主播的合作。本节将介绍直播营销的合作与收益分配方式。

1. 供应商与主播的合作方式

在供应商与主播的合作中，直播营销的合作方式主要分为专场包场和整合拼场。

（1）专场包场，即供应商包场，整场直播所推荐的商品都是一家供应商提供的商品，可以是同品牌商品，也可以是一家供应商旗下的多品牌商品。对于供应商来说，这种方式的合作费用比较高，但产生的营销效果比较好。

（2）整合拼场，即主播在同一场直播中推荐多家供应商的商品。对于其中一家供应商来说，这种模式的合作费用较低，但营销效果不容易确定，供应商需要考察主播的能力及主播与商品的契合度。

2. 供应商与主播的收益分配方式

在供应商和主播的合作中，直播营销的收益分配方式主要有"纯佣金"和"佣金+坑位费"两种方式。

（1）"纯佣金"方式

"纯佣金"方式，是指供应商根据直播间商品的最终销售额，按照事先约定好的分成比例向主播支付佣金。例如，假设事先约定的佣金比例为 10%，主播在直播中卖出了 100 万元的商品，那么，主播就可以获得 10 万元的佣金。在直播行业中，主播的佣金比例往往由主播等级和主播以往的销售成绩决定。

（2）"佣金+坑位费"方式

"佣金+坑位费"方式，是指供应商先向主播支付固定的"坑位费"，在直播结束后，再根据直播间商品的最终销售额按照约定的分成比例向主播支付相应的佣金。这种收益分配方式主要存在于整合拼场直播中。

"坑位费"，也称"上架费"。对于一些头部主播，因为有很多供应商想要与之合作，主播就可以设定"坑位费"作为筛选门槛。这样，供应商要想让商品出现在这些主播的直播间里，就需要先支付一定的商品"上架费"。

需要说明的是，供应商支付"坑位费"只能保证其商品出现在直播间，并不能保证商品的销售量。

在实际的合作中，"坑位费"会根据主播等级的不同和商品在直播间出现顺序的不同而有所差异。

一般来说，头部主播的"坑位费"较高，这是因为头部主播的人气较高、曝光量较高，在一定程度上能够保证商品的销售量。而且，即使用户没有在头部主播的直播间里购买某品牌的商品，但主播的高人气、高曝光量，也能提高供应商的品牌知名度，提升品牌的影响力。

在整合拼场直播中，主播会在同一场直播中推荐多家供应商的商品，而推荐顺序则由供应商支付的"坑位费"决定。通常情况下，供应商支付的"坑位费"越高，商品出现的顺序越靠前。

课堂讨论

　　观看一场专场包场直播和一场整合拼场直播，观察两场直播的营销效果有什么不同。

1.4　直播营销的行业痛点和发展趋势

直播营销的高转化效果，造就了直播营销行业的繁荣。早期，直播营销主要用于知名企业的新品发布会；后来，随着兴趣电商平台、货架电商平台的"直播+电商"业务快速融合，大量传统企业和中小企业纷纷入局，直播营销迅速成为很多大小企业营销策略"标配"。

由于直播营销的高转化能力和低门槛，各行各业的人都难免动心，跃跃欲试。但并不是每一位入局的人都能得到可观的回报，只有了解直播营销的行业痛点和发展趋势，顺势而为，才可能抓住这个行业的发展机遇。

1.4.1　直播营销的行业痛点

如今，直播营销正处于风口，知名主播的直播"带货"成绩往往会引发热议，而其直播"翻车"事件也容易成为热门话题。这意味着，直播营销看似"遍地黄金"，却不是每个入局者都能满载而归。其主要原因是，当前的诸多直播从业者依然无法解决三大行业痛点：无法让用户准确感知商品、主播"带货"能力与成本的矛盾、直播过程不可控。

1. 无法让用户准确感知商品

在直播间，很多主播为了直播画面的美感，会刻意调整直播间的灯光、展示背景、拍摄角度及画面滤镜，这些都会对商品的外观表现产生影响。这就导致用户在观看直播时看到的商品，与真实的商品可能存在差异。而在直播间的氛围引导下，用户从产生购买欲望到做出购买行为，往往缺乏理性的思考。这就导致用户在收到商品后会产生"被欺骗"的感觉，从而影响到主播的商业口碑。

2. 主播"带货"能力与成本的矛盾

直播不同于短视频，优质的短视频内容可能并没有出镜人员，但直播不能没有主播。任何一场"带货"直播，都需要主播来介绍商品。这也意味着，主播的"带货"能力是直播营销成败的关键因素。

主播所拥有的流量（即粉丝数量）在很大程度上决定着主播的价值。根据粉丝数量的多少，可以将主播划分为不同的等级：头部主播、肩部主播、腰部主播、尾部主播。主播的等级及特点如表 1-2 所示。

表 1-2　主播的等级、粉丝数及特点

主播的等级	主播的粉丝数	主播的特点
头部主播	500 万以上	有较大的粉丝规模和号召力，但合作成本高
肩部主播	100 万～500 万	相对而言，合作的性价比较高
腰部主播	10 万～100 万（不含）	传播影响力和内容创作力有限
尾部主播	10 万以下	传播影响力低，内容创作力低，营销成效低

注：平台不同，主播等级划分所依据的粉丝数范围稍有差异，表中所示为综合情况。

头部主播也被称为"顶流主播"，比其他等级主播的直播实力强很多。"粉丝"数超过 500 万的头部主播，其直播间的场均观看人数可达数百万，在曝光量和短期促成交易的实力上遥遥领先。因此，头部主播在商品价格和佣金分成上也拥有较大的决定权。

虽然头部主播具有极高的商业价值，但对商品供应商或品牌商来说，其与头部主播的合作成本太高，未必是一个好选择。例如，某家纺品牌与某头部主播进行直播营销合作后，该家纺品牌的股价经历了多个涨停。但是，这种涨停并没有持续很长时间，就一度出现跌停。于是，该家纺品牌被要求向大众披露一些合作信息。从披露的信息中可以看出，该品牌与头部主播的合作费用，几乎占据了其销售额的四分之一。

因此，如今的"带货"直播中，用户除了会看到知名主播外，还会看到很多店铺或品牌商的自有员工担任主播。员工担任主播的成本很低，且能持续开播多个场次，但由于流量少、专业度不高，取得的营销成绩通常远远不如知名主播。

3. 直播过程不可控

用户愿意在直播间购买商品的一个主要原因在于直播内容的不可剪辑、不可重录，镜头下的所有内容都会实时地传递给用户。这会让用户在一定程度上相信，直播间展示的商品是"所见即所得"的。这种"不可剪辑""不可重录""实时传递"的特点，是直播作为一种营销手段的独特优势，同时也成为难以规避的风险。因为直播镜头可能会在无意中将商品缺点暴露出来，而缺点一经暴露，就无法掩盖。这种"翻车"情况，不仅会影响直播营销的效果，甚至会影响主播及直播团队的声誉。

课堂讨论

找一个主播直播"翻车"的新闻报道，分析其"翻车"的原因。

1.4.2　直播营销的发展趋势

直播营销有如今的发展，从某种程度上可以归结为直播平台和电商平台的优势整合。不管是电商平台还是直播平台，"直播+电商"模式起初可能只是平台方不断尝试的众多变现策略之一。这种模式得以不断发展，则应归因于用户端的驱动。那么，这种模式在未来将会如何发展呢？

1. 监管日益严格，行业越来越规范

直播营销在 2020 年第一季度真正展现了独特的营销优势，销售服务变得生动、直观且有趣，传播也更加及时而广泛，整个行业具有爆发力和感染力。但同时，直播营销行业的固有问题也都一一呈现，如虚假宣传、商品质量无法保证等，这都直接影响广大用户对直播营销的认知，也影响着直播营销行业的商业信誉。

为了顺应市场的发展趋势，规范直播营销从业者的经营行为，满足用户对保证商品质量的需求，多项直播营销行业规范标准相继出台。

2020 年 7 月 1 日，中国广告协会发布的《网络直播营销行为规范》（以下简称《规范》）开始施行。《规范》对直播营销活动中的各类角色及其行为进行了全面的定义和规范，其中，明确禁止"刷单"、篡改交易数据和用户评价等行为。

2020 年 7 月 6 日，人力资源和社会保障部联合国家市场监督管理总局、国家统计局正式向社会发布包括"互联网营销师"在内的 9 个新职业，在"互联网营销师"职业下增设"直播营销员"工种。这标志着"带货"主播成为正式工种，也意味着主播须取得"互联网营销师"的相关资质才能从事直播"带货"活动。

同月，中国商业联合会媒体购物专业委员会牵头起草制定的《视频直播购物运营和服务基本规范》也正式实行，直播营销自此有了行业标准。

不同于过去的营销方式，以直播"带货"为主要形式的直播营销，兼具营销和交易

的双重属性，打破了原有的营销和交易两元分割的态势，这导致已有的监管规则难以对其进行有效监管。为了解决监管难题，2020年11月5日，国家市场监督管理总局发布了《市场监管总局关于加强网络直播营销活动监管的指导意见》，明确列举了《电子商务法》《消费者权益保护法》《反不正当竞争法》《产品质量法》《食品安全法》《广告法》《价格法》等法律规定可以查处的直播营销违法行为。例如，市场监管部门可用《反不正当竞争法》规制直播营销从业者对商品或服务的性能、功能、质量、销售状况、用户评价、曾获荣誉等方面的虚假宣传。

2021年5月，国家互联网信息办公室、公安部、商务部、文化和旅游部、国家税务总局、国家市场监督管理总局、国家广播电视总局等七部门联合发布的《网络直播营销管理办法（试行）》施行，进一步规范直播营销活动。

2023年7月，中央网信办发布《关于加强"自媒体"管理的通知》，通知第四条强调了"加强信息真实性管理"的要求，第七条强调"规范账号运营行为"等，并明令禁止"蹭炒社会热点事件"等不合规行为，鼓励"自媒体"生产高质量内容。

随着直播营销的持续火爆，各直播营销平台加强了自身管理，推出了相应的规范文件。淘宝平台于2023年3月开始实施修订后的《淘宝直播管理规则》，明确规定"设定霸王条款、不合理条件"，如"不关注不发货"等属不正当竞争。抖音平台2022年推出的"公会健康分"管理制度规定，直播中如有诱导用户过度消费等不当言行，会遭到一次扣除10分的处罚。该制度规定的惩治措施如表1-3所示。

表1-3 抖音"公会健康分"制度规定的惩治措施

分数指标	70分＜公会健康分≤80分	60分＜公会健康分≤70分	50分＜公会健康分≤60分	公会健康分≤50分
处理举措	警告并约谈整改	暂停结算权限1个月并公示通报	扣除当月公会收益并公示通报	清退并公示通报

直播营销相关企业对直播营销的"自管自查"进一步增强。2021年5月21日，直播领域头部企业"美ONE"发布直播电商行业全国首个企业标准《直播电商商品质量与合规管理规范》，严格规范了主播的营销话术，要求"宣传合规、展示合规"，不允许使用极限词，并要求配置场控进行监控和及时纠错等。

未来的直播营销将会越来越规范化，国家对直播营销行业的监管也会越来越严格。

2. 新技术加持，进一步优化用户的在线场景体验

虚拟现实（Virtual Reality，VR）直播被认为是直播领域的发展趋势，它是指利用技术模拟一个三维空间，同时模拟用户在空间内的视觉、听觉、触觉等感官刺激，从而营造出身临其境的感觉。

VR直播是VR技术与直播技术的结合，通过使用VR摄像机或全景拍摄设备采集多角度的画面，实时对这些画面进行去重叠和拼接组合，生成完整的VR视频内容；将拼接好的视频内容经过编码压缩形成视频文件并使用流媒体协议封装后，再实时推送至

网络进行传输。这样，用户在观看直播时就可以自由选择观看角度，主动选择想观看的内容，从而获得沉浸式的观看体验及身临其境的现场感。

最初，VR 直播多应用于演唱会、发布会、体育赛事、热点新闻等场景，2022 年以来，VR 直播开始逐渐应用到直播营销领域，并进一步丰富了直播场景。例如，借助 VR 技术，服装类直播间主播可身着羽绒服"漫步"于雪花纷飞的山岩之上，用户则可以从多个视角观看直播，体验感大大加强。

伴随人工智能（Artificial Intelligence，AI）技术的飞速发展，数字人直播为直播营销的发展注入了新鲜活力。2022 年 7 月，百度智能云发布数字人直播平台，实现超写实数字人 24 小时 AI 直播，将数字人的制作成本从百万元下降到万元级别，制作时间缩短到小时级别。国内某些头部直播团队，成功将数字人引入直播间，实现与真人几乎无差别式"带货"。

而第五代移动通信技术（5th Generation mobile Communication Technology，5G）、千兆宽带网络及云计算的快速发展，为 VR 直播、数字人直播在直播营销领域的落地提供了可行性。

从直播营销的角度看，融入了 VR 技术的直播营销，能为用户提供更好的场景化体验。例如，将 VR 直播应用于在线教育直播，可以让学习者更加真实地感受课堂气氛，更好地融入教学课堂氛围中；将 VR 直播应用于农产品的电商直播，可以带领用户"来到"原产地，"近距离"感受农产品的种植环境；将 VR 直播应用于服饰品类的电商直播，可以实现 360°的商品全景展示，让用户真正实现在家"逛街"。而融入了 VR 技术的直播营销，可降低人员培训与直播运营成本，实现 24 小时"日不落"直播，助力商家大大提高销售产出。

3. 泡沫逐渐破裂，竞争回归商业本质

2020 年以来，资本对直播营销领域的投资不断加码，让直播营销进入了快速爆发期，直播"带货"成为电商、短视频、直播平台的基本配置。不管是抖音、快手等兴趣电商平台，还是淘宝、京东、拼多多等货架电商平台，抑或是视频号、小红书等社交电商平台，以及百度、今日头条等内容资讯平台，都已布局直播"带货"赛道。

首先，有资本布局的直播营销行业，通常使用的获客利器是低价和补贴。但也由于高频率的低价和补贴，各种促销活动不断，低价对用户的吸引力已经大不如前。

其次，由于直播"带货"的红利充分彰显，涌入该赛道的玩家越来越多，导致直播"带货"逐渐"内卷"，头部主播的"矩阵分身""自建供应链"，品牌方的"品牌矩阵"等，让直播"带货"的"二八效应"愈发显著，普通人出身的主播或小团队在直播"带货"领域崭露头角的机会少了很多。

最后，主播在直播营销活动中担任了"好物推荐官"的角色。观看优秀主播的直播，用户会逐渐卸下心理防备，进而了解和购买商品。然而，恶性低价竞争、主播人设倒塌

等，导致用户对主播的信任度一再降低。

以上因素致使用户通过直播购物的热情有所降低，供应商也不再轻易就能获取可观的利润，直播营销领域被资本堆积起来的泡沫，也在一点一点地破裂。

泡沫破灭，直播营销将回归商业本质。用户进入直播间购物也会更加理性，会更关注自己的需求、商品的质量、主播和推荐商品的契合度等方面的因素；而直播从业者之间的竞争，也将回归到专业度、团队信誉、个人品牌及商品质量、商品口碑等核心要素的竞争。

课堂讨论

从用户的角度说一说你对直播营销的未来有什么期望。

思考与练习

1　直播行业是如何与营销行业融合的？

2　直播营销中的"人""货""场"分别指什么？

3　直播营销的主要形式有哪些？

4　在直播营销的产业链中，上游、中游和下游分别是什么？

5　在当前的直播营销中，供应商和主播的合作方式有哪些？各有什么特点？

6　直播营销的发展趋势是什么？

PART 02

第 2 章
直播营销的平台选择

知识目标
- ➤ 了解直播营销平台的分类和特征。
- ➤ 了解各直播平台的用户画像。
- ➤ 了解各直播平台的直播营销优势。

素养目标
- ➤ 践行社会主义核心价值观,培养新时代具有社会责任感的直播营销人员。
- ➤ 根据不同平台特点提升相应直播营销能力,引领社会风尚向上向善发展。

　　选择合适的直播营销平台,对获得良好营销效果至关重要。兴趣电商平台聚合特定兴趣用户,货架电商平台精准定位用户人群,社交电商平台依托关系链传播……不同类型的电商平台各有优势,直播团队、商家或品牌需根据自身情况选择。本章将详细探讨各类电商平台的特点,供读者了解学习。

2.1　兴趣电商平台

2021 年 4 月 8 日，在抖音电商生态大会上，抖音电商总裁康泽宇提出"兴趣电商"概念："兴趣电商是一种基于人们对美好生活的向往，满足用户潜在购物兴趣，提升用户生活品质的电商。""兴趣电商"创新性地打造"货找人"场景，通过丰富多彩的内容激发用户的潜在兴趣，引导用户在轻松愉快的氛围中消费。"兴趣电商"具有爆发性强、流量不稳定、泛流量较多等特点，代表平台有抖音、快手等。

2.1.1　抖音直播

平台名称：抖音。

用户画像：男性用户和女性用户比例均衡，用户年龄主要集中在 24～40 岁，主要分布在三线及以上城市，用户活跃时间主要在 8：00—23：00；不同性别用户的内容偏好有所区别，男性用户对军事、游戏、汽车等的偏好度较高，女性用户对美妆、母婴、穿搭等的偏好度较高。

营销优势：流量大、能够进行精准投放、投入成本低。

抖音最初是一款音乐创意类短视频社交软件，以音乐创意表演内容打开市场，积累了大量的用户。抖音先通过短视频业务获取巨大的流量，后在 2017 年年底正式上线直播功能。基于庞大的用户规模，抖音在直播营销行业占据着头部平台的位置。

目前，抖音直播的打开方式主要有三种：一是用户从引流短视频点击账号头像进入直播间，如图 2-1 所示；二是用户从出现在直播间推荐页面的入口进入直播间，如图 2-2 所示；三是用户关注某账号后，在"关注"页可以看到该账号的直播画面，如图 2-3 所示。

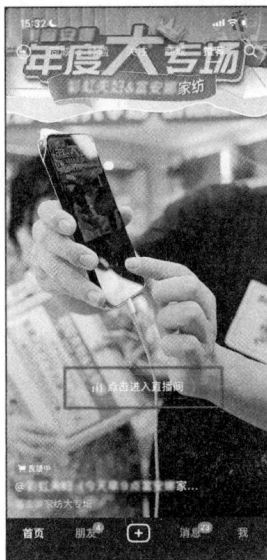

图 2-1　短视频引流　　　　图 2-2　直播间推荐　　　　图 2-3　"关注"页推荐

图 2-1、图 2-2 所示的是推荐方式。推荐方式是抖音平台根据用户的喜好推送相应的主题内容。这意味着，如果直播主题符合用户的喜好，就可能会被推荐给用户。

图 2-3 所示的是关注方式，即"粉丝关注式"。抖音账号运营者通过优质的短视频内容吸引抖音用户关注并成为"粉丝"，而后开通直播，直播信息就会被直接推送给其"粉丝"。

运营者要想挖掘抖音直播营销的价值，就需要借助抖音用户画像进行分析。

1. 抖音直播用户的潜在规模

在第二届抖音创作者大会上，字节跳动时任 CEO 张楠公布抖音的日活跃用户数已经超过 6 亿。易观千帆数据则显示，2022 年 11 月，抖音 App 的月活跃用户数为 7.3 亿（不含抖音极速版 App、抖音火山版 App 用户数）。这个数据可以被看作是抖音直播的潜在用户规模。

2. 抖音直播用户属性

有米有数发布的《2022 抖音商家生存报告》显示，抖音直播用户的属性如下。

抖音直播用户男女分布较均衡，30 岁及以下年轻群体占比近一半。

在城市分布上，用户集中在广州、北京、上海、杭州等消费水平较高的城市，一线城市及新一线城市用户总占比接近四成。整体而言，抖音直播用户呈现高消费能力等特点。

在年龄结构上，抖音直播用户群体年龄主要在 24～40 岁，主要为"80 后"和"90 后"用户。在性别结构上，男性用户比例高于女性用户比例。

从飞瓜披露的抖音直播用户活跃时间分布来看，8∶00—23∶00 用户活跃度较高，晚高峰为 20∶00—22∶00。周末一般 9∶00—17∶00 用户更活跃，工作日一般 19∶00—23∶00 用户更活跃。

3. 抖音直播用户兴趣偏好

在抖音做直播运营，运营者需要借助优质的短视频内容吸引用户关注，因而需要了解抖音直播用户的兴趣偏好。根据巨量算数 2021 年 6 月发布的《抖音用户群体画像》，不同性别、不同年龄段的用户，其兴趣偏好有所不同，具体如下。

男性用户一般对游戏、汽车、运动等内容偏好度较高，女性用户一般对舞蹈、创意、美食等内容偏好度较高。

"00 后"用户对游戏、影视、二次元类内容偏好度较高；"90 后"用户对影视、汽车、美食类内容偏好度较高；"80 后"用户对汽车、舞蹈、音乐、旅行类内容偏好度较高。

4. 抖音直播平台的营销优势

综上所述，抖音直播平台具有以下三个营销优势。

（1）潜在用户多

抖音凭借内容分发机制优势和优质的短视频内容，成为短视频用户最常用的软件之一，在各个年龄段、性别及地区都拥有大量的忠实用户群体，用户使用时长也在不断增加。这意味着，在抖音直播平台进行直播营销，将获得更多的潜在流量和销售增长。"电数宝"电商大数据库显示，预计 2023 年全年，抖音电商商品交易总额（Gross Merchandise Volume，GMV）可达 26 000 亿元，增速为 73.33%。

（2）能够精准投放

抖音直播平台能够利用用户画像分析用户的兴趣爱好，进行有针对性的推送，减少对不相关用户的干扰，找到精准用户。

（3）直播运营计费灵活，店铺投入成本低

抖音直播平台上的直播运营计费方式灵活。在抖音平台上进行直播营销，只需开通橱窗功能，就可以在直播间添加购物车，不需要在开设店铺上投入大额资金。

> **课堂讨论**
>
> 你和你的朋友喜欢在抖音直播间购买商品吗？一般会选择购买什么品类的商品？

2.1.2 快手直播

平台名称：快手。

用户画像：35 岁以下用户占比超过 50%；用户主要集中在三线及以下城市。

营销优势：拥有大量的活跃用户、成熟的电商平台配置、直播营销规模不断扩大、用户消费水平不断升级。

和抖音一样，快手通过短视频业务打开市场，在积累了大量的用户后，在 2016 年开通了直播功能，随后积极探索新的盈利模式，在探索直播和电商的道路上走在了行业的前列。快手与抖音虽然是竞品，但用户群体略有不同，这也让快手直播的营销价值与抖音直播的营销价值有所差异。

目前的快手直播，用户可以通过直播广场进入，如图 2-4 所示；如果用户关注的账号在直播，在其"关注"页，也会有相应提示，如图 2-5 所示。

可见，在快手平台，直播内容能否被推送的一个关键因素在于直播账号是否得到了用户的关注。

1. 快手直播用户规模

易观千帆的数据显示，2022 年 11 月，快手 App 的月活跃用户人数为 5.29 亿（不含快手极速版）。快手科技 2023 年第二季度业绩报告显示，快手平均日活跃用户数达 3.76 亿，平均月活跃用户数达 6.73 亿，用户规模实现了较快增长。

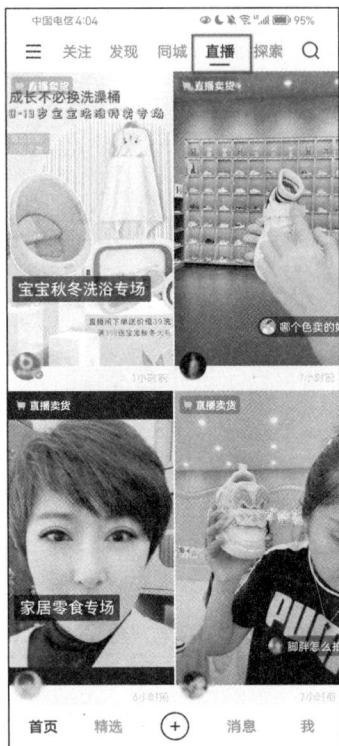

图 2-4　快手直播广场

图 2-5　快手"关注"页的直播内容推送

2. 快手直播用户属性

QuestMobile 2023 年 7 月发布的《快手用户价值洞察报告——洞见成长中的百样人生》（以下简称《洞察报告》）显示快手用户属性如下。

从快手用户城市分布上看，一线与新一线城市用户占比为 19.5%，二线城市用户占比为 21.7%，三线城市用户占比为 23.9%，四线城市及以下用户占比为 34.9%。也就是说，快手在下沉市场中拥有更多的用户群体。

从快手用户的年龄与性别结构上看，35 岁以下的用户占比超过 50%，其中，24 岁及以下用户占比超过 30%；男性用户占比略高于女性用户。

3. 快手直播用户兴趣偏好

《洞察报告》显示，快手直播平台上的女性用户偏好美妆、才艺、时尚穿搭、母婴等相关内容。

不同年龄群体的兴趣偏好有所不同。31～50 岁用户偏好房产家居、金融财经、科技科普、汽车、运动健身等相关内容；"银发人群"偏好美食、健康、宠物、穿搭、旅游等相关内容。

快手用户兴趣圈层包括：运动、电竞、二次元、传统文化等。他们既是国民品牌消费者，也是新锐品牌追随者。

4. 快手直播平台的营销优势

综上所述，快手直播平台具有以下四个营销优势。

（1）拥有大量的活跃用户

快手月活跃用户数超过 6 亿，年轻用户众多，大量的活跃用户意味着庞大的潜在市场。《2022 快手直播生态报告》显示，2022 年快手依托庞大的下沉市场，开展了 2600 万余场助农惠农直播，未来在三农直播领域大有可为。

（2）电商平台配置成熟

早在 2018 年 6 月，快手联合淘宝和有赞，推出了快手小店与电商服务市场，商家凭借身份证明即可申请快手小店的开店资格，商家与个人可以将淘宝或有赞店铺中的商品直接放入快手小店中，通过直播或短视频内容引导观看直播的用户购买。

快手开店及"带货"门槛较低，支持的电商合作平台较多，且佣金体系设置向"带货"主播倾斜，是主播或商家不错的选择。

（3）直播营销规模不断扩大

2022 年，快手已有 400 种直播类型，其中才艺、生活、助农扶农、科普教学、运动户外内容很受用户欢迎，快手直播渗透率接近 80%。快手也在积极探索新机会，例如 2022 年平台形成"房产主播促进新房交易"模式，吸引 600 万名用户参与，覆盖 45 座城市，总销售额达到 38.8 亿元。据快手科技发布的业绩报告，2023 年上半年，快手电商 GMV 达 4903 亿元，预计全年 GMV 达万亿元规模。

（4）用户消费水平不断升级

在快手平台，越来越丰富的品牌、越来越高的客单价，体现着快手用户的消费水平在不断升级。《洞察报告》显示，2023 年 5 月，近 70% 的快手用户线上消费能力过千元，用户中使用 5000 元以上高端机型的比例高于行业均值。此外，快手用户年轻化的特点，决定了其消费水平的提升和消费品类的扩大，这为直播营销创造了更多机遇。

> **课堂讨论**
>
> 你和你的朋友喜欢在快手直播间购买商品吗？一般会选择购买什么品类的商品？

2.2 货架电商平台

"货架电商"是指商家通过虚拟货架，将商品按照类别陈列在线上店铺，用户通过搜索、浏览等了解商品，然后下单购买。相对于抖音、快手等兴趣电商平台的直播营销，运营者在货架电商平台开展直播营销，可以促使交易在平台内完成，流量转化率相对较高，流失率相对较低；同时，由于货架电商平台用户的购物目的更加明确，也更容易在直播间形成交易转化。因此，虽然兴趣电商平台和货架电商平台都开启了电商直播功能，但是，淘宝、京东、拼多多三大主流货架电商平台旗下的直播平台依然流量巨大、交易额可观。

2.2.1 淘宝直播

平台名称：淘宝直播。

用户画像：男性用户和女性用户的比例约为 4∶6；主要以"80 后"和"90 后"群体为主，"00 后"群体增速较快；用户整体偏好美妆、珠宝、消电类直播内容。

营销优势：用户精准、进直播间的用户本身就有消费意愿和消费需求。

淘宝直播是阿里巴巴基于自身的电商资源推出的直播平台，定位于"消费类直播"，直播商品涵盖范畴广且用户购买方便。淘宝直播平台于 2016 年 3 月试运营，初期只是手机淘宝的板块之一，依附于淘宝平台得到了大量的商家、供应链资源和用户群体。2019 年春节期间，淘宝直播正式上线独立 App（后更名为"点淘"，与淘宝 App 内的"淘宝直播"并行）。

目前的淘宝直播，以直播为主。在"直播"页面，平台依据淘宝用户的购物偏好和关注偏好推荐其可能感兴趣的主播和相似账号正在直播的内容，如图 2-6 所示。"关注"页面则显示淘宝用户主动关注的账号正在直播的内容和已经直播完的内容，如图 2-7 所示。"视频"页面则显示推荐的短视频或实时直播画面，如图 2-8 所示。

图 2-6　淘宝直播"直播"页面　　图 2-7　淘宝直播"关注"页面　　图 2-8　淘宝直播"视频"页面

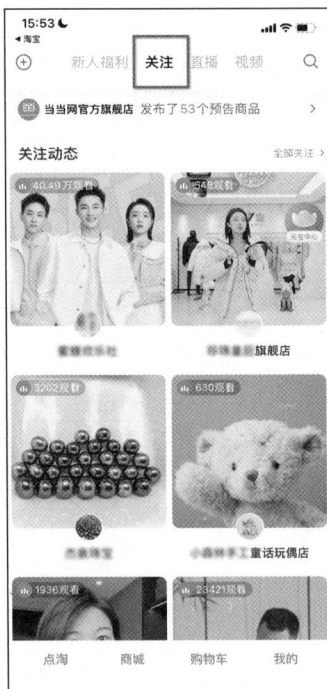

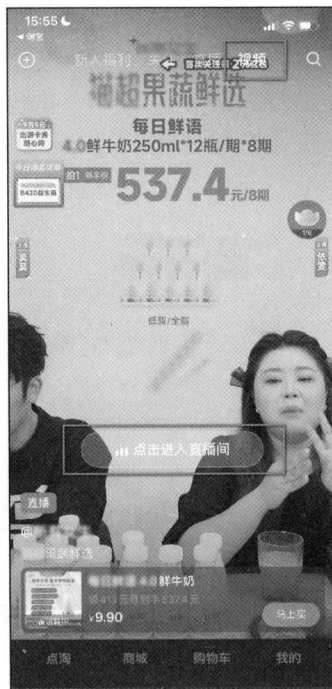

可见，在淘宝直播中，直播内容能否被用户优先看到，关键在于用户是否主动关注了账号。

1. 淘宝直播用户规模

艾瑞咨询发布的《2022 淘宝直播年度新消费趋势报告》（以下简称《趋势报告》）显示，淘宝直播累计观看人次已超 500 亿。阿里巴巴集团于 2023 年 8 月公布的业绩公告则显示，淘宝 App 在 2023 年 6 月的日活跃用户数达 4.02 亿。庞大的精准用户群体意味着可观的市场，2023 年"6·18"期间，淘宝实现了订单量和客单价的同步增长，参与用户数达 9.15 亿。"电数宝"电商大数据库预计，2023 年全年，淘宝直播 GMV 约为 9800 亿元。

2. 淘宝直播用户属性

《淘宝直播 2021 年度报告》显示，淘宝直播的用户画像有以下特点。

从性别构成看，女性用户更爱看直播，淘宝自播用户以女性为主；男性用户近几年增幅较为明显。

从年龄分布看，淘宝直播用户群体集中于"80 后""90 后"，但"00 后"的用户也在明显增长。

从城市分布看，面对淘宝直播这种新兴的电商购物方式，一二线城市的用户接受度比较高，五六线城市的下沉市场消费者同样占比明显。

从消费习惯看，淘宝直播核心用户贡献了超过 80% 的观看时长和超过 60% 的成交量，月均消费额是其他用户的 3 倍以上，具有很高的商业价值。

3. 淘宝直播用户兴趣偏好

《趋势报告》显示，女装、美妆、珠宝、消电行业商品颇受平台用户青睐，数字虚拟、生活、个护、美妆等行业成交额在淘宝直播增长较快。

其中，从用户年龄来看，"70 后"用户偏好鲜花、宠物、汽车、家装类直播，"80 后"用户偏好文教、母婴、汽车类直播，"90 后"用户偏好美妆、数字虚拟、生活类直播，"00 后"用户偏好美妆、服装、食品及运动户外类直播。

从用户性别来看，女性用户偏好女装、箱包配饰、女鞋、美妆、生活类直播；男性用户偏好汽车、家装、消电、户外运动、教育类直播。

从用户城市分布来看，一线和二线城市的用户更偏爱生活、数字虚拟、鲜花、宠物类直播，三线及以下城市更偏爱汽车、母婴、文教类直播。

4. 淘宝直播平台的营销优势

淘宝直播是淘宝和天猫商家售卖商品的辅助工具，其目的是提升商品销量。相对于其他直播平台来说，淘宝直播平台具有以下三个营销优势。

（1）品类多，保障强

依托淘宝平台强大的全货盘供应链、用户数据分析能力、支付保障和售后保障体系，淘宝直播平台可以提供完整的用户运营链路及更有保障的物流服务。

（2）专业互动，主动规范

淘宝直播平台的主播和线下商场中的导购类似。对于自身销售的商品，主播在各自的领域都具有一定的专业水准，他们通过淘宝直播，以专业的方式解答用户的各类疑问，可以更有效地提升用户到店铺消费的转化率。

淘宝直播平台率先推出商品预检、脚本预检等服务，帮助无专业团队的主播低成本地进行自我风险防控。此外，淘宝直播平台建立信用评价体系"合规安全码"，通过不同码色直观展现主播信用评价情况，合规安全等级越高的主播，所获取的权益越全面，激励主播合规发展。

（3）形态多样

在淘宝直播平台，除了常规卖货直播产生的用户生成内容（User Generated Content，UGC），淘宝直播官方也联合各行各业及电视台等，产出众多专业生成内容（Professional Generated Content，PGC），以满足用户对直播内容的多样化需求，增加用户对直播平台的黏性。为吸引内容型团队入驻，淘宝直播于 2023 年陆续上线了"捧场购""打赏"等功能，以鼓励优质内容创作。

课堂讨论

你和你的朋友喜欢在淘宝直播间购买商品吗？一般会选择购买什么品类的商品？

2.2.2 京东直播

平台名称：京东。

用户画像：男性用户和女性用户比例为 6∶4；50%的用户年龄在 26～35 岁；二线及以上城市用户占比较高；用户的偏好集中在食品饮料、母婴、手机通信、家用电器、服饰内衣、计算机办公等品类。

营销优势：去中心化、用户对品牌消费更为热衷。

与淘宝直播、快手直播一样，京东直播起步于 2016 年，但发展却较为缓慢。以 2019 年为例，淘宝直播的成交总额已经突破 2000 亿元，累积用户数达 4 亿；而京东 2019 年发布的财报显示，京东平台的成交总额虽然已经超过 2 万亿元，但通过直播实现的成交额占比极低。此前，京东平台可能对京东直播不够重视，而如今，京东平台为直播业务提供了大量的资源扶持。

目前的京东直播频道入口，在京东首页占据着比较明显的位置。图 2-9 和图 2-10所示分别为京东直播频道入口与京东直播频道。

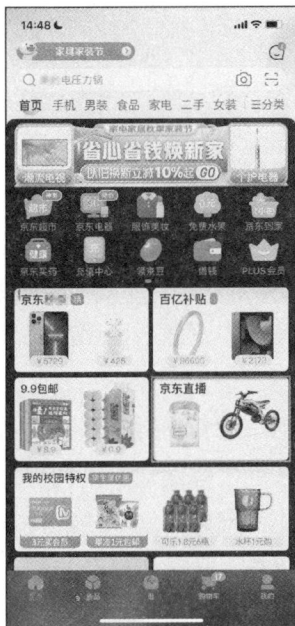

图 2-9　京东直播频道入口

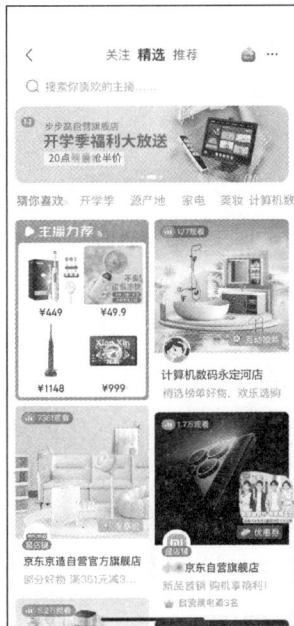

图 2-10　京东直播频道

在京东首页的"京东直播"模块，显示的是用户最近浏览过的商品；而进入京东直播频道，在"主播力荐"模块，出现的也是用户最近浏览过的商品。可见，在京东平台，如果直播内容与用户想要购买或经常购买的商品有关，直播内容被推荐给用户的概率更大。

1. 京东直播用户规模

京东发布的 2022 年第三季度财报显示，京东年度活跃购买用户数为 5.88 亿，同比增长 6.5%。京东平台用户规模的持续增长，意味着京东直播的用户规模也将继续增长。值得注意的是，京东拥有 3500 万名"Plus 会员"用户，这批用户年均消费水平是非"Plus 会员"用户的 8.4 倍，是京东直播的理想用户。

2. 京东直播用户属性

2020 年 4 月，京东发布了《京东直播白皮书》（以下简称《白皮书》），对京东直播的各项数据进行了解读，为京东商家后期开展直播业务指明了方向。

《白皮书》显示，京东直播用户在性别构成上，男女用户的比例为 6∶4；在年龄分布上，约 50% 的用户年龄在 26～35 岁，在同类平台中用户年轻化特征较为明显；在城市分布上，一二线城市的用户占比最高，为 42%。

3. 京东直播用户兴趣偏好

《白皮书》显示，京东直播的用户群体主要为一二线城市的用户，用户的浏览偏好集中在食品饮料、母婴、手机通信、家用电器、服饰、计算机办公等方面的商品。

4．京东直播的营销优势

借助京东平台，京东直播具有以下两个营销优势。

（1）平台扶持

京东期望推动直播成为商家和大促活动的"标配"，使直播成为商家和平台的重要营销工具和渠道。为此，京东直播得到了京东的大力扶持。

一方面是资源扶持，京东几乎把全域资源都向直播进行了倾斜和投入。为了鼓励商家开播，京东开放了全域资源，从各个场景为平台商家引流。京东开放的直播引流入口，不仅包括京东平台首页搜索、推荐、商品详情页等站内资源，也包括站外内容等合作伙伴的资源，还包括电梯间广告等京东线下资源。

另一方面是活动扶持，为了鼓励商家开播、用户观看直播，京东先后开展"百亿补贴直播间""超级排位赛""看直播，瓜分1亿京豆"等活动；同时，为吸引更多直播机构、达人主播入驻京东直播，京东先后举办"红人孵化计划""红人Ｖ计划""新星计划"等主播激励活动，推出固定激励金等激励政策。京东也在积极引入优秀主播和优秀直播团队，2023年"6·18"期间，某头部主播携直播机构入驻京东，在京东的直播首秀销售额突破1.5亿元，累计访问人次超1700万。

（2）品质化

不同于其他直播平台，京东在发展直播业务时非常重视直播的品质，希望和商家一起把直播做成有效的品牌营销策略，而不仅仅是"带货"工具。为此，京东直播从场景和内容两个方面来推动直播品质化发展。

首先，在场景方面，京东引导商家、机构、达人通过直播打造可视化的供应链，如从农场到餐桌，从车间到店铺，以及物流过程等，一一通过直播展示给用户，让真实且多元化的场景为商品进行背书。同时，京东借助强大的供应链与物流优势大力发展"即时零售+直播电商"。2022年4月，京东开展"同城购物节"，用户在直播间下单，附近门店即时发出商品，为用户带来新颖、快捷的直播购物体验。当月，某乳制品集团副总裁进入直播间，该场直播观看量超156万人次，该集团旗下奶粉当日直播总销量创下历史新高。

其次，在内容方面，京东引导商家、机构、达人重视PGC和泛娱乐营销。具体而言，京东在内容创作方面做到"专业性+大众性+趣味性"三者统一，以实现"品+效+销"三合一；在直播运营方面，京东通过"播前预热+播中引爆+播后发酵"的全链路运营场景，让每一场直播都能效益最大化。

相对而言，京东直播更注重两个要素：一是直播本身的内容质量，具体包括人货匹配是否恰当，直播流程及互动环节是否衔接合适；二是直播的附加价值，是纯"带货"还是包含了更多的品牌营销元素，以及商家是否策划了与众不同的趣味活动。

这意味着，在京东平台直播，商家需要更注重内容策划，靠优质内容传递品牌价值，靠品牌价值吸引用户并沉淀用户，从而将用户真正转化为自己的"私域流量"。

课堂讨论

你和你的朋友喜欢在京东直播间购买商品吗？一般会选择购买什么品类的商品？

2.2.3 拼多多直播

平台名称：拼多多。

用户画像：近六成的用户来自三线及以下城市；女性用户占比达 70.5%；25～35 岁年龄段的用户占比超过 57%；用户偏向于购买低价折扣商品。

营销优势：对用户吸引力大、用户黏性强。

拼多多创立于 2015 年 9 月，瞄准低线城市对价格敏感的用户群体，凭借"社交裂变+低价爆款"的商业模式，在竞争激烈的电商领域迅速抢占了一席之地，并于 2018 年 7 月在美国纳斯达克证券交易所正式挂牌上市。截至 2020 年年底，仅用 5 年时间，拼多多的年活跃用户数就达到 7.88 亿。2020 年 1 月 19 日，拼多多直播正式上线。

不同于淘宝直播已然成型的直播生态，拼多多直播上线不久，正处于蓬勃发展的关键时期，拼多多平台也为直播提供了诸多资源扶持。

目前，拼多多直播频道位于二级入口"多多视频"内的"关注"页，如图 2-11 所示；推荐的直播内容以用户关注和用户购物偏好为主，如图 2-12 所示。

图 2-11　拼多多直播频道入口

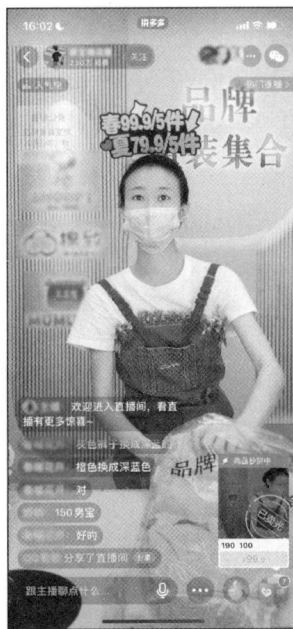

图 2-12　拼多多直播频道

1. 拼多多的用户规模

根据拼多多发布的 2023 年第一季度财报，拼多多的平均月活跃用户数达到 7.9 亿，同比增长 9%；年活跃买家数达 9.1 亿，同比增长 10%。这样的用户规模和增速，体现了拼多多"百亿补贴"的营销策略及商业模式对用户的吸引力较大，也在一定程度上体现了广大用户对拼多多的黏性在不断增强。

2. 拼多多的用户属性

在拼多多的活跃用户中，女性用户占比较高。

在年龄分布上，25～35 岁的用户占比最大。这部分用户的显著特征是，正处于职场的上升期与婚姻家庭的组建期，消费需求旺盛，同时，财务积累相对薄弱，因而更愿意购买低价商品。

但这并不意味着，拼多多用户缺乏购买力。拼多多的用户中，也有较多的中高消费群体，其中中等消费水平群体占比超过 50%。

3. 拼多多的用户兴趣偏好

目前，拼多多的核心用户偏好"低价"，对"特低价"很敏感。而拼多多正在拓展的用户群体，即大学生与一二线城市"上班族"，虽然也在意价格，但也仅仅在对品质要求不高的商品上选择低价。因此，他们的主要购物渠道并不是拼多多，只是偶尔在拼多多购买一些生活类用品。

4. 拼多多直播的营销优势

拼多多自下沉市场起家，早期用户多数来源于微信生态内体量庞大且未接触过电商领域的群体，其在下沉市场中，拥有庞大的用户基础。而如今，阿里巴巴和京东也都在挖掘下沉市场。例如，淘宝推出"淘宝好价""淘工厂"，以获取来自低线城市的新用户；京东将"百亿补贴"置于平台内一级入口。

因此，在直播营销中，若销售的商品是下沉市场用户喜欢的低价商品，拼多多直播会是一个很好的选择。

课堂讨论

你和你的朋友喜欢在拼多多直播间购买商品吗？一般会选择购买什么品类的商品？

2.3 社交电商平台

社交电商是基于社交分享的电商类型，以商家或品牌的私域流量为基础，通常具有相对稳定的转化能力。近年，社交电商逐渐打通私域和公域，流量逐渐向公域发展，代表平台有视频号、小红书等。

2.3.1　视频号直播

平台名称：微信视频号。

营销优势：背靠 12 亿日活跃用户量的微信平台，可直接触达微信用户，用户不用下载 App，在微信平台点击链接即可观看直播，进而被直接引流至直播运营者的微信或企业微信，成为运营者的私域流量池用户。

1.　视频号直播介绍

2020 年 10 月 2 日，微信视频号开通直播功能，流量入口不断增加，以微信公众号为主的创作者在视频号直播中扛起了直播大旗。例如，单条视频播放量破亿次的"萧大业"，连续直播三场，每场直播都有一万人次观看；视频号"小小包麻麻"更是通过一场直播"带货"169 万元。尽管视频号比抖音、快手等直播平台起步晚，但它正逐渐成为直播营销的新"战场"。

目前的视频号直播，不管是观看直播的用户还是开展直播的主播，都不需要下载 App，从微信的"发现"页进入视频号即可观看或开展直播。用户可以在微信朋友圈看到朋友分享的直播信息，如果感兴趣，直接点击即可进入直播间，如图 2-13 所示。

主播开展直播，只需通过视频号右上角的个人主页入口进入个人主页，在"我的视频号"板块点击"发起直播"，即可直接发起直播或设置直播预告，如图 2-14 所示。

图 2-13　微信朋友圈的直播信息

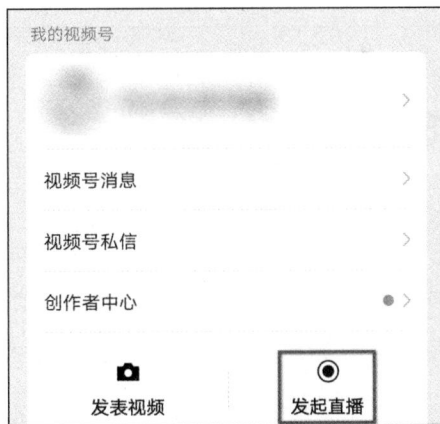

图 2-14　视频号的"发起直播"入口

2.　视频号直播的营销优势

目前的视频号直播，具有以下六个方面的营销优势。

第一，用户规模更大。视频号拥有近乎微信全量的用户基数，包含抖音、快手、淘宝、京东等平台还未覆盖的人群，而公众号积累的老用户也为视频号直播提供了新的机会和市场。

第二，可快速导流。完整的微信生态可以缩短视频号直播的运营环节，主播通过公众号、小程序、企业号、微信号直接为直播间导流，可以有效减少用户的流失。

第三，更高效的流量运营。淘宝、抖音等平台更偏向于公域流量，而视频号却覆盖了公域和私域两大流量池。视频号的短视频与直播广告支持直接跳转至企业微信和微信客服对话框，为商家缩短了转化路径。主播通过视频号直播，可实现"私域流量带动公域流量，公域流量转为私域流量"的流量运营闭环。这对主播而言是一个新的发展机遇。

第四，更适合进行品牌营销。视频号庞大的流量基础和精准、优质的客户，为品牌商提供了新的广告阵地，让品牌营销快速变现。

第五，更多的资源扶持。视频号直播拥有朋友圈分享、预约后的视频号开播提醒等多个流量入口，主播可以通过朋友圈分享、精准通知视频号"粉丝"等方式为直播间引入流量。

第六，更简化的购物流程。视频号打通了微店，主播可以在直播中展示微信小店的商品，用户可以将感兴趣的商品加入购物车。用户的购物车直接连接用户已在微信保存的收货地址，可省去输入地址的步骤，简化了直播购物流程。

当前，视频号仅支持对接微信原生的微店或开通商品橱窗，暂不支持其他第三方。未能开设微店的直播团队，可通过视频号商品橱窗进行"带货"。

课堂讨论

你和你的朋友在微信视频号看过直播吗？是通过什么方式进入直播间的？

2.3.2 小红书直播

平台名称：小红书。

营销优势：小红书是因"种草"而兴起的社交电商平台，拥有庞大的用户基数和活跃的用户社区，用户热衷于在平台上分享购物、旅行等生活经验，且用户信赖度高，有强烈的购买意愿。此外，小红书独特而丰富的 UGC 模式具有相当的营销优势。

1. 小红书直播介绍

小红书是目前我国最大的 UGC 购物分享社区之一，成立于 2013 年，并于 2019 年开始内测直播功能，2020 年正式开放直播功能。用户可通过首页推荐、关注页、达人主页等入口进入直播间。图 2-15、图 2-16 所示分别为小红书"发现"页和小红书"关注"页直播入口。

千瓜数据发布的《2022 年千瓜活跃用户画像趋势报告（小红书平台）》显示，小红书月活跃用户数达 2 亿，"90 后"用户占比为 72%，一二线城市用户占比达到了50%。小红书的用户主要集中在 18～35 岁的年轻人群，这一群体对新鲜事物有着高度的探索和接受能力，购买力较强。兴趣偏好方面，小红书用户更关注彩妆、穿搭、护肤、美食教程、运动、发型等内容。

图 2-15　小红书"发现"页直播入口

图 2-16　小红书"关注"页直播入口

2. 小红书直播的营销优势

目前的小红书，具有以下四个方面的营销优势。

第一，用户购买力强。小红书聚集了大量来自一线城市的年轻女性，"90 后"女性用户占比超过 72%，这为直播营销提供了广阔的受众群体。小红书直播间具有高客单价、高转化率及高复购率等特点，其主打文艺清新氛围的"慢直播"吸引了大量用户下单。

第二，UGC 模式。小红书用户热衷于在平台上分享购物、旅行等生活经验，形成了一个活跃的社区，用户之间通过评论互动等，还会进一步形成同类兴趣爱好社交圈层。小红书的 UGC 模式，让用户成为商品和品牌的传播者，使得营销更具有说服力和吸引力，能够有效提高用户的购买转化率。

第三，高黏性和高信任度。小红书用户黏性较高，达人可通过关注、群聊等方式积累私域流量，这部分流量更易被转化。小红书用户对平台上的内容具有高度的信任，这对品牌和商品的营销具有很大的帮助。

第四，适合做品牌营销。小红书的用户群年轻，对新鲜事物有高度的接受和探索能力，这使得小红书成为品牌进行营销的理想平台。小红书鼓励原创内容，图片和评论多为用户原创，真实的使用体验帮助商家或品牌获得更高口碑。同时，小红书针对长尾词进行搜索算法优化，使商家或达人获得更多长尾搜索流量，这些流量转化率较高。

总而言之，小红书以其独特的 UGC 模式、活跃的用户社区和高信任度等，成为品牌和个人直播营销的理想平台。

课堂讨论

你和你的朋友在小红书看过直播吗？该平台直播间带给你什么样的感受，与其他平台直播间相比有什么不同？

思考与练习

1　直播平台可以分为哪些类型？各有什么特征？

2　抖音和快手的主要用户有什么不同？

3　淘宝、京东和拼多多的主要用户有什么不同？

4　淘宝直播有哪些营销优势？

5　视频号直播有哪些营销优势？

6　哪些企业或品牌适合借助小红书平台开展直播营销？

PART 03

第 3 章
直播账号定位设计

知识目标

➢ 了解不同直播赛道的特点。

➢ 学习并掌握精准对标账号的方法。

➢ 能设计较吸引人的直播账号。

素养目标

➢ 选好直播赛道，真诚服务人民，满足人民的物质需求与精神需求。

➢ 遵守国家相关法律法规，坚持正确的价值导向。

➢ 融合中华民族优秀传统文化元素，积极传播社会主义核心价值观。

　　要想在直播营销中脱颖而出，专业的直播账号定位设计是必不可少的一步。本章将系统介绍直播账号定位设计知识，包括确定赛道、对标学习、账号设计等。掌握科学的定位方法将有利于商家或直播团队在激烈的直播营销竞争中赢取先机。

3.1 确定赛道

"赛道"指的是直播账号的内容方向或"带货"品类。赛道将直接决定直播账号的定位和内容方向，对账号的持续发展有深远影响，因此十分关键。为挑选合适的直播赛道，商家或直播团队需在设计账号前就做好以下工作：市场分析和评估自身优势。

3.1.1 市场分析

选择直播赛道前，可先对市场情况进行分析，看行业整体情况如何，行业是否存在快速增长的空间，再了解行业具体情况，从中挖掘用户新的关注点。

1. 行业宏观观察

根据飞瓜数据发布的《2023 年 7 月短视频及直播电商营销月报》，2023 年 7 月各品类销售热度，如图 3-1 所示。从图中可以清晰看到，服饰内衣、家居用品、珠宝文玩、美妆、食品饮料、3C 数码家电等品类销售额居前。礼品文创、珠宝文玩、玩具乐器等品类环比增幅显著，值得关注。

图 3-1　2023 年 7 月各品类销售热度①

根据飞瓜数据发布的《2023 上半年快手电商生态数据报告》，2023 年上半年快手平台销售额前 15 的品类占比及增速情况，如图 3-2 所示。从图中可知，在快手平台，服饰鞋靴、美食饮品、美容护肤、珠宝钟表、家居生活、厨卫家电等品类销售额靠前，厨卫家电、手机数码、户外鞋服、美容护肤等品类增速较快，其间可能隐藏着机遇。

2. 各行业具体情况

了解行业宏观情况后，还应针对感兴趣的行业，进行进一步的观察，以挖掘大行业类目下的新增长点。下面将根据飞瓜数据发布的《2023 上半年快手电商生态数据报告》，以服饰鞋靴、美食饮品、美容护肤、珠宝钟表等行业为代表进行分析。

① 图片来自飞瓜数据《2023 年 7 月短视频及直播电商营销月报》。

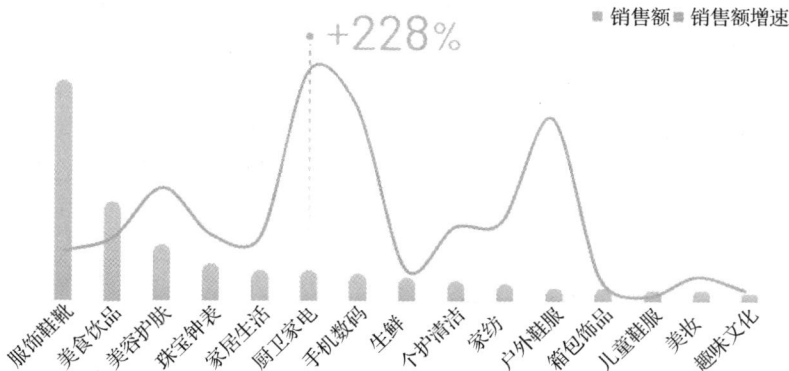

销售额 销售额增速

+228%

服饰鞋靴 美食饮品 美容护肤 珠宝钟表 家居生活 厨卫家电 手机数码 生鲜 个护清洁 家纺 户外鞋服 箱包饰品 儿童鞋服 美妆 趣味文化

图3-2 2023年上半年快手平台销售额前15的品类占比及增速情况

（1）服饰鞋靴

在服装鞋靴类目下，女装2023年上半年在快手平台的销量占比超过60%，男装、女鞋、服饰配件等销量也不错；"00后"群体偏爱内衣配件、防晒披肩、二次元服饰等；"银发族"偏爱防晒围脖、汉服/唐装、西服等。

（2）美食饮品

该类目在2023年上半年销量增速惊人，达161%。用户健康消费理念进一步强化，带动了功能营养食品饮料的销量增长。茶饮料、气泡水、运动营养食品、豆干制品等销售额增幅明显。

（3）美容护肤

美容护肤类目下，面部精华、套装礼盒、面膜、面霜、眼霜等销售额居前，用户集中于18～35岁人群。同时，男性用户美容护肤需求进一步提升，值得商家关注。

（4）珠宝钟表

借助大促节点，该类目销售额持续走高，销量及"带货"主播数也显著提升。销售额居前的细分品类分别为：黄金、和田玉、翡翠、玛瑙、琥珀/蜜蜡、手表、银饰、珍珠等。

值得注意的是，以上仅为对直播营销部分赛道的分析，商家或直播团队可借助平台分析报告、行业研报等，对感兴趣的赛道进行进一步研究。

课堂讨论

初步筛选几个你感兴趣的直播赛道，并搜集相关报告或数据，与同学们交流，看看真实的赛道报告或数据与自己最初的设想是否吻合。

3.1.2 评估自身优势

除外部因素外，商家或团队应对自身的专业背景、资源渠道、能力优势等进行评估分析，选择能发挥自身优势的赛道。选择符合自己优势的赛道，更容易输出专业化和个性化的内容，更能被用户接受，对营销推广也更有利。

商家或团队可借助表 3-1 评估自身优势。

表 3-1　直播营销优势评估表

维度	示例	诊断
团队专业背景	团队成员有电商运营经验，熟悉护肤品行业	可选择美妆赛道
资源渠道	团队有成熟的美妆供应链资源	适合选择美妆赛道
流量运营能力	团队运营的时尚类公众号有 10 万个"粉丝"	适合选择服饰、穿搭或美妆等赛道，后期还可拓展赛道
电商运营经验	团队来自某服装电商平台	适合选择服装赛道
内容生产能力	团队有专业内容生成和视频剪辑人员	有助于确保内容持续产出，可辅助直播间引流
运营资金	团队有百万元级初始运营资金	直播尝试空间较大，可考虑建立品牌矩阵，有针对性地进行差异化运营

课堂讨论

选择几个你感兴趣的头部垂类直播间，试分析其主要优势，为什么会选择所属的垂类赛道。

3.2　对标学习

新手团队在入局直播营销之初，往往充满激情，但账号定位如果不够准或不够好，团队可能会走不少弯路。对标学习的意义在于找准目标，拆解成功者的经验，并将其融于自身的实践。

3.2.1　寻找对标账号

找准对标账号是做好直播账号定位十分关键的一环。要找到精准的对标账号，需运用科学的方法。本节将重点介绍关键词搜索、同类账号推荐、平台内热点推荐、第三方数据平台等查找方法或渠道。在多维度的分析后，商家或团队在账号定位设计时将更胸有成竹。

1. 关键词搜索

关键词搜索是寻找对标账号的便捷工具，运用方法如下。

首先，归纳出赛道核心关键词，接着根据大数据统计结果，查找该词关联词。下面以"巨量算数"平台为例，进行说明。在"算数指数"页面分别输入"女装""男装"

关键词后，查看关键词的"关联分析"，得到图 3-3 和图 3-4 所示关联词图谱。

图 3-3 中，出现了"大码女装""国风女装""中老年妈妈装"等关联词，其中隐含着"女装"赛道下的具体细分市场，既可用于评估市场情况，也可作为后续在相关直播平台内搜索对标账号的二次搜索词。

同理，图 3-4 中出现的"爸爸装""男士外套""秋季男装"等，也可作为二次搜索词。

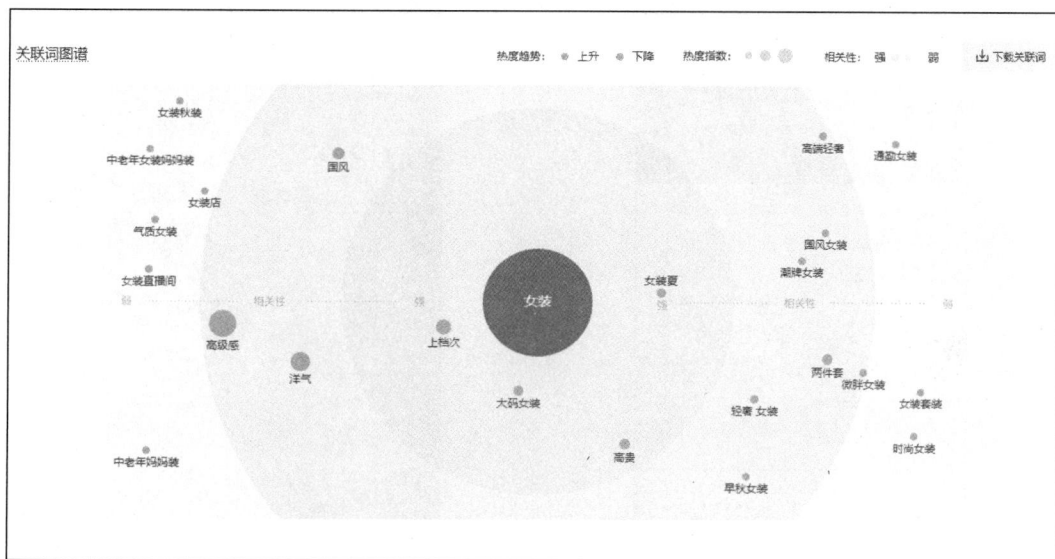

图 3-3 "女装"关联词图谱

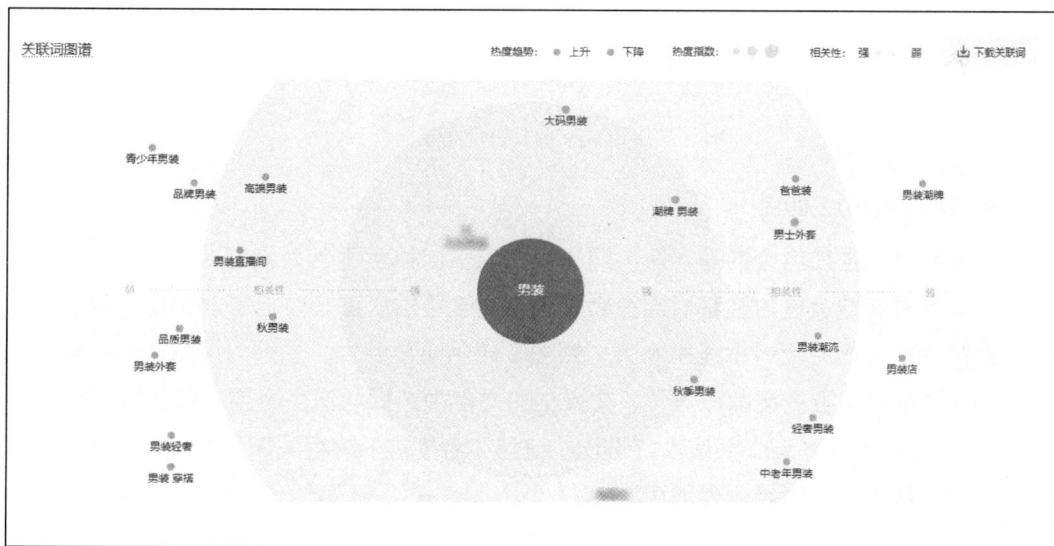

图 3-4 "男装"关联词图谱

最后，根据上述关联词，在直播平台内搜索视频、直播或相关话题等，即可找到相对精准的对标账号。

2. 同类账号推荐

找到一个对标账号并点击"关注"后，系统通常会推荐若干与该账号类似的账号。从中筛选，可发现更多对标账号。图 3-5（a）所示为在抖音平台关注某男装账号后，系统推荐了类似的男装账号；图 3-5（b）所示为在小红书平台关注"秋叶 Word 教育咨询"账号后，系统自动推荐了"秋叶 Excel 教育咨询"等账号。

（a）　　　　　　　　　　　　（b）

图 3-5　同类账号推荐

3. 平台内热点推荐

直播平台内往往也会推荐一些热门账号，以下以抖音平台为例进行说明。

在抖音顶部搜索框内搜索"抖音热点宝"（这是抖音官方推出的创作者工具），点击弹出的"抖音热点宝"小程序入口，如图 3-6 所示。

选择"账号观测→推荐账号"，在弹出的栏目中选择与自身赛道一致的领域，点击"确定"，如图 3-7 所示。系统会筛选出"粉丝"增量较多的相关账号，如图 3-8 所示，商家或团队从中筛选对标账号即可。

4. 第三方数据平台

除上述方法外，抖查查、蝉妈妈、飞瓜数据等第三方数据平台也可用于查找对标账号。下面以借助蝉妈妈平台查找抖音对标账号为例，进行说明。

图 3-6 "抖音热点宝"入口

图 3-7 选择赛道

图 3-8 获得筛选结果

登录蝉妈妈平台后，选择"抖音分析平台→找达人"，输入关键词或选中达人"带货"分类、达人分类等信息，如图 3-9 所示，即可找到相关达人。

此外，蝉妈妈平台"达人库"中的达人榜单，也值得留意。

（a）

（b）

图 3-9 利用第三方数据平台

课堂讨论

试根据本节所学知识，围绕某个你感兴趣的赛道查找对标账号。

3.2.2 借鉴学习

找到对标账号后，为借鉴学习对标账号的成功经验，商家或团队需重点关注对标账号的账号定位与粉丝画像。

1. 账号定位

直播账号通常分为个人号与企业号，个人号通常与主播直接关联，企业号则通常与品牌或企业关联。

对于个人号，可留意其人设标签和影响力事件。

人设标签指的是为塑造某种人设，而强调的某些概念，如"北大学长""二孩妈妈"等。人设标签通常由主标签和副标签构成。主标签指的是与账号核心人设相关的标签，副标签指的是为丰富账号人设、凸显账号特色而附加的标签。例如"藏书5万卷的读书博主，只分享自己读过的书；后摇爱好者"这一介绍中，主标签是"读书博主"，指明了账号的内容方向，以吸引精准用户；副标签是"后摇爱好者"，起到丰富账号人设的作用。

影响力事件指的是账号主体取得的与其人设较为相关的、具有代表性的成就、荣誉等，可有效吸引用户关注或下单。图3-10所示为秋叶大叔的小红书主页截图。

图 3-10　秋叶大叔的小红书主页截图

对于企业号，则应着重分析对标账号的品牌理念、账号人设、内容方向、面向人群等。表3-2所示为"秋叶 Office"企业号定位分析。学习者可参照这四个维度，结合企业实际情况，对对标账号定位进行拆解和学习借鉴。

表 3-2　"秋叶 Office"企业号定位分析

账号	秋叶 Office
品牌理念	让学习更简单，让工作轻松高效
账号人设	聪明可爱的职员小乔
内容方向	围绕具体职场技能设计的剧情短篇
面向人群	大学生、职场新人及渴望有所突破的其他职场人

除上述内容外，还可留意对标账号的视觉包装（头像、背景墙、视频封面等）是怎么凸显账号定位的。

2. 粉丝画像

通过第三方数据平台，可以查看对标账号的粉丝数据，如性别、年龄、地域分布等。一般来说，可能出现以下两种情况。

情况一，对标账号的粉丝和自身账号的目标群体不大吻合。这时，需考虑是否调整目标群体。

情况二，对标账号的粉丝和自身账号的目标群体大致吻合。接下来，可分析其粉丝增长趋势、主要来源（主要来自视频还是直播）。如果对标账号"涨粉"主要靠直播，则可重点研究其直播间，并在短视频上发力，做好短视频引流；如果对标账号"涨粉"主要靠短视频，则可根据其粉丝画像推测潜在粉丝感兴趣的内容。

> **课堂讨论**
>
> 试分析几个你感兴趣的账号，研究该账号在定位设计上有哪些要素吸引了你。

3.3　账号设计

账号设计是开展直播营销活动的基础，包括账号名称设计、账号头像设计、账号简介设计和账号内容策划等方面。一个价值点充分、具有较高辨识度、内容方向垂直的账号，能够有效吸引用户关注或付费购买其商品或服务。

3.3.1　账号名称设计

账号名称是品牌形象的重要组成部分，它可以反映账号的主题，建立起用户对账号内容的初步预期。

1. 账号名称设计原则

有的账号名称让人一看就知道该账号的性质或主要作用，如"小七老师育儿专栏""秋叶 Excel"等，可以大大降低用户认知账号的时间成本。这些账号名称背后，有以下五种通用的设计原则。

（1）相关性

账号名称应与品牌或直播内容密切相关。例如，如果直播主题主要关于烹饪，那么直播账号名称中如包含"厨房""烹饪""食谱"等关键词，会更容易被用户搜索到，也更容易吸引目标用户。图 3-11 所示为以"厨房"为关键词在某平台内搜索到的达人账号，这些达人账号的名称让人一看即知账号的主题或内容。

图 3-11　以"厨房"为关键词在某平台内搜索到的达人账号

（2）简单易记

账号名称应尽可能简短并易于记忆，复杂的、难以拼写的名称可能会阻碍用户找到账号。有的账号名称中英文夹杂，不便于用户搜索。设计账号名称时，建议优先使用简洁明了的中文，并尽量控制在 10 个字以内。

一些公众人物，如"秋叶大叔"等，由于本身已经具有较高知名度，往往会在全平台使用同样的、为人熟知的名字，以方便用户记忆或查找。

（3）唯一性

账号名称最好是独一无二的，以便在搜索结果中脱颖而出。设计名称时，应避免使用过于常见的短语或已被其他用户使用的名称。

（4）兼容性

随着时间的推移，账号的直播内容可能会发生变化。如果在设计账号名称之初就选择一个多词语组合的名称，后续当直播内容发生改变时，可以保留名称中的部分字词，只改变个别字词。如此一来，即使后期账号内容有所调整，老用户依然能够较快接受。

例如，某位读书达人最初的账号名称为"×××的读书日记"，精准定位于读书赛道。在吸引了几千名用户关注后，该达人开始在其账号内容中植入与其日常生活相关的内容或好物推荐，于是该达人将账号名称调整为"×××的读享生活"，调性与原名称保持一致，同时植入了新的内容，便于扩大用户群体或"带货"盈利。

（5）无歧义

部分运营者为了让账号更简洁，有时会使用简称，这有可能误导用户，给品牌或商家带来不利影响。涉及公司、品牌、业务线、商品等的账号，名称应力求准确，不应轻易使用简称或直接省略具体业务内容。图 3-12 所示为华为公司、小米公司相关账号。

图 3-12（a）中，除"华为"账号，其他账号名称后分别加上了"终端""商城""5G""××专卖店"等后缀，表明了账号的具体业务内容，有利于用户辨识和选择关注。图 3-12（b）中，"小米官方旗舰店""小米大家电官方直播间""小米手机""小米公司"等，各账号名称皆有区别。

（a）华为公司相关账号　　　　　　（b）小米公司相关账号

图 3-12　华为公司、小米公司相关账号

2. 账号名称常见公式

账号名称往往直接影响账号内容的传播转化效果。为了设计出简单好记、内容方向明确的账号名称，可套用以下三种账号名称公式。

（1）艺名+垂直领域

这种账号名称较为直接。"艺名"通常指达人的笔名或个人品牌，垂直领域则是一个账号明确的内容类别。例如，"×××旅行家""×××美食家"等名称，用户看后就会明白它们以什么领域为主要内容。这种形式的名称简单明了，利于吸引有具体兴趣爱好的用户。

新媒体平台中，许多达人采用这种命名方式，如小七老师的"小七老师聊育儿""小七老师育儿专栏"。

（2）人设+成就/特色

该公式中，"人设"通常指达人的角色形象或身份标识，其后配以某种成就或特长，可作为账号的亮点，有别于其他账号。这类账号名称公式能突出个人风格，吸引对特定人设感兴趣的用户。

例如，"小白学摄影""雨轩的爸爸是超人""作家爸爸带娃记""老爸评测"等账号名称突出了鲜明的人设和账号价值点。

（3）公司/品牌名+具体业务部门

这类账号名称公式多见于商业品牌的新媒体运营账号，通常在公司或品牌名后加上具体业务，如"×××电商部""×××武汉分公司"等，明确说明账号所属公司或品牌及其具体定位，有利于吸引精准用户。

直播平台中，不少官方运营号采用这种命名方式，如抖音的"抖音创作者中心""抖音直播""抖音热点宝""抖音电商""抖音小助手"等。

课堂讨论

请你选择一个自己感兴趣的赛道，并据此设计几个账号名称，请老师或同学帮忙挑选出其中比较吸引人的名称。

3.3.2 账号头像设计

当用户"刷"到一个直播账号发布的直播界面或引流短视频时，往往会下意识地看一眼该账号的头像。账号头像是一个账号在直播平台上的"面孔"。

头像可以成为账号的视觉识别标志。用户可通过头像判断账号是否是自己感兴趣的。简洁、主题突出的头像可以让账号优先被用户看到。账号的头像也反映了账号的风格，如主播形象、个性特征等。阳光开朗的达人可能会选择露出笑容的正面照作为头像，神秘感较强的达人则可能选择侧脸照作为头像。头像会影响用户的视觉体验。头像趣味性强、头像与直播内容风格匹配的账号更容易吸引用户关注，提高账号曝光度。

以下是设计账号头像的注意事项。

1. 展现个性，吸引用户

使用真人照片作为头像，能展现达人真实的一面，更具亲和力。真人照片头像应注意拍摄角度，自拍视角照片适合想打造个人人设的达人，正面或稍侧面的面部特写照片则显得相对专业，平视或微仰视角照片更易产生亲和力，等等。无论哪种情况，人物表情要自然，正面、阳光、幽默的形象更容易让用户产生好感。此外，背景不宜太杂乱，脸部应尽量占照片主体。

卡通头像适合追求个性的达人，达人可选择自己或用户普遍喜爱的动漫角色，或者根据自己的个性特点定制头像。

2. 注意清晰度

头像的清晰度直接影响用户视觉体验。头像分辨率不能太低，以防止图片模糊，不便于用户识别。不同平台对头像图片的分辨率要求不同，一般而言，建议头像分辨率在200像素×200像素以上，格式为 PNG 或 JPG。

3. 突出主题

头像的画面内容应与达人的个人品牌或账号风格匹配。例如，文艺风格的达人可选择一本书或自己捧书阅读的照片作为图像，科技博主可选择有机器人等科幻元素的头像。这样更容易吸引同类用户，传递精准的品牌印象。

此外，头像风格应与账号名称一致，从而加深用户对账号的印象。例如，强调职场人设的账号名，可搭配达人穿着精致服装的真人照片头像，以此强化达人人设。有时，故意制造账号人设与头像的反差也可以吸引用户，但这种方法更适合个性突出的账号。

4. 注重色彩搭配

头像颜色应明快而自然，可使用协调的淡雅色系，如莫兰迪色等。不同色调传递的情感或氛围不同，暖色调能传递活力感，冷色调则能够传递专业、理性的感觉，应根据账户性质加以选择。

此外，头像的主色调应与品牌视觉色系搭配一致，从而强化品牌的视觉形象。

课堂讨论

请你选择一个自己感兴趣的赛道，并据此设计一个账号头像。

3.3.3　账号简介设计

账号简介是一个账号在直播平台的文字介绍，通常会概述账号的主要信息，对用户进行初步的引导。账号简介能帮助用户对账号进行预判，决定是否关注或进入直播间，因此账号简介具有营销和引流的重要作用。此外，账号简介能展现账号的个性和特色，是一个账号独特品牌形象的重要组成部分。

账号简介的编写技巧如下。

1. 定位明确

账号简介应明确表明账号性质、主要领域，清晰地介绍身份（个人或品牌）。同时，账号简介开头最好能直接指明账号服务的目标用户群，这样能够过滤不匹配的流量，同时让目标用户产生认同感。示例如下。

"这里是×××的绘画课堂，我将在直播间分享实用绘画技巧，帮助新手学员掌握素描画法。"

2. 简明扼要，凸显价值

账号简介中，最好能利用简洁明快的语言，突出账号吸引目标用户的 1～3 个价值点，必要时可概述自身的影响力，如全网粉丝数量、学员规模、代表作、荣誉称号等。示例如下。

"快来跟着×××学唱歌！3 万名学员认可的×××老师，1 个月带你练出动人歌喉。"

账号简介中每个字都要发挥作用，设计好后，可通读几遍，删除不必要的字词，让账号的核心信息更突出。

3．包含关键词

账号简介中应包含与账号直播营销内容相关的关键词，这样更容易被用户搜索到。示例如下。

"×××厨房，分享烹饪技巧、食谱，教你做出色香味俱全的家常菜。"

4．引导用户行动

账号简介中可使用"立即""点击""关注""加入我们""进直播间""进橱窗"等引导用户操作的关键词，以强化对用户的行为引导。示例如下。

"关注我，获得更多福利。点击进入橱窗，会有惊喜哦！"

以上是撰写账号简介的通用技巧，需注意的是，不同的账号，其简介的侧重点有所不同。商品或服务销售类账号应突出具体功能和用户群，用明确的数字凸显自身的优势，如价格、时间等；资讯或个人生活类账号应突出账号的独特视角及个性化语言风格；文化艺术类账号可使用富有意境的词语，突出氛围，从细节处丰富人设。同时，随着账号的发展和直播的迭代，账号简介可持续更新。

课堂讨论

图 3-13 所示为秋叶大叔的视频号简介。请根据本节所学知识，分析该账号简介好在哪里。

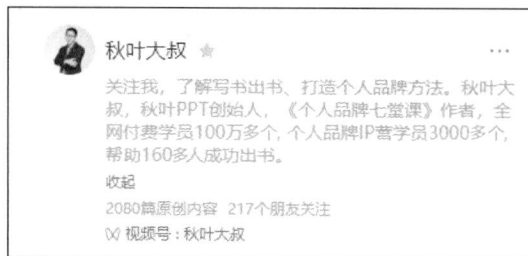

图 3-13　秋叶大叔视频号简介

3.3.4　账号内容策划

账号内容策划是直播营销的关键，直接关乎账号内容质量、用户黏性及营销转化效果。在账号设计之初，就应提前策划账号内容，让账号围绕某个确定方向持续产出质量稳定的内容，从而吸引精准用户群体。

1．内容主题规划

主题是内容的核心，明确主题是内容策划的第一步。团队可根据账号定位和目标用户兴趣点，选择能够吸引用户的主题。主题规划应尽量着眼用户需求，例如，分享育儿知识的育儿类账号，可以规划涵盖孕期、喂养、游戏互动等子主题，从而尽可能涵盖更多用户需求，增强用户黏性。再如，美食账号可以规划西餐、甜点、家常菜等不同类别。规划时，应注意不同群体的偏好差异，合理安排各子主题比例。

2．内容形式规划

明确主题后，需确定每类主题使用什么形式的内容进行呈现，不同的内容形式有不同的优势，可以灵活搭配。例如，评测类内容可以用图文并茂的图文形式呈现，也可以用评测视频来展示；生活分享类账号可以规划有一定连续性的剧情类短视频。

3．建立内容筛选标准

在开始大量创作内容前，应尽量建立科学的内容筛选机制，确保内容的质量。优质的原创内容是建立账号价值的基础。团队可建立明确的内容创作与审核流程，如选题讨论、脚本撰写、明确拍摄要求、设计剪辑中的固定元素或形式、形成内容检查清单等。

4．内容排期规划

相比单一的内容，丰富多元的内容更能满足用户需求，也利于反向激励内容生产。团队需根据数据来确定不同主题、不同形式的最优发布节奏，既要保证团队有持续产出，也要避免内容雷同。同时，可参考用户使用习惯、活跃时间段等，合理安排内容的发布时间等。

5．账号风格规划

在内容丰富多样的同时，还需注意强化并统一账号的个性化风格，如文案语言风格、视觉风格等。这需要与账号整体形象定位相契合，使内容为创建一致的品牌形象发力。图 3-14 所示为时尚达人"临风君"的视频封面，整齐划一的封面形式、对比强烈的配色、文艺且真诚的文案传递出账号的时尚态度与文艺调性，有利于强化达人人设、提高账号辨识度，并吸引用户关注。

图 3-14　时尚达人"临风君"的视频封面

综上所述，内容策划是直播营销账号设计中十分重要的部分。设计科学、系统的内容策划方案，有助于账号稳步发展，扩大自己的内容生态和品牌势力。同时，团队可定期回顾内容策划方案，思考哪些内容效果较好，哪些需要改进，从而提升传播与转化效果。

课堂讨论

请你围绕自己感兴趣的方向，策划账号内容，并说说你这样策划的原因。

思考与练习

1. 选择直播赛道时应考虑哪些问题？
2. 如何评估自身的优势？
3. 如何寻找对标账号，应从哪些方面学习对标账号？
4. 设计账号名称、头像及简介时，应注意什么？
5. 账号内容策划应从哪些方面着手？

PART 04

第 4 章
直播营销的团队构建

知识目标

➤ 了解不同情况下直播团队的构建方法。

➤ 清楚直播营销核心岗位的职责。

➤ 掌握不同直播团队的运营策略。

➤ 了解直播团队的管理方法。

➤ 了解适合不同直播团队的薪资模式。

素养目标

➤ 认识直播营销对促进经济高质量发展的重要性，增强服务经济社会发展的责任感。

➤ 积极探索直播营销团队的科学管理模式，不断提高团队的业务能力和综合素质。

➤ 团结和引导直播团队成员坚定理想信念，践行社会主义核心价值观。

➤ 加强行业自律，积极参与营造文明、健康、积极向上的网络空间。

　　想要开展持续、稳定、有序的直播营销活动，建立合适的团队架构和运行机制是基础。高效的直播营销团队，往往能使营销活动事半功倍。本章将围绕直播团队构建主题，介绍团队人员配置、运营策略、薪资模式等内容。

4.1 直播团队的构建方法

有影响力的直播营销，其背后往往有一个团队在支撑。成员分工明确的团队，是直播持续稳定变现的保障。本节根据三种不同的现实需求，介绍三种常见的直播团队的构建方法。

4.1.1 新手主播的直播团队构建方法

刚刚进入直播行业的新手主播，可能并没有足够的物力、财力去组建团队。此时，简单的方式是先入驻抖音、快手、视频号等短视频平台，通过定期发布短视频和定期直播的方式正式进入直播行业，当拥有一些经验后，再通过自我营销的方式来提升人气和增加资本。具体可参考如下方法。

1. 进入直播平台秀出自我

每个人都可以在直播平台开播，展现自己的独特优势。

例如，如果主播口才出众，可以尝试"脱口秀"；如果主播眼光犀利，可尝试"热点评论"；如果主播喜欢分享自己的生活，可以展示自己的吃喝玩乐过程并分享不错的吃喝玩乐地点；如果主播喜欢学习，可以推荐图书、课程或进行阅读分享等。

在当今的互联网时代，人人都有展示自我的舞台。了解自己的优势，选择合适的平台，上传短视频或开通直播，即可入行。

2. 适当制造话题

主播的商业价值在某种程度上可以理解为"粉丝经济"，如影视演员一样。这意味着，主播也需要像演员一样拥有话题热度。

如何为自己制造话题呢？一个容易操作的方法是，主播借助身边的一些热点事件和热门人物，将自身特色与之相结合，在短视频或直播中谈及热点话题，并通过营销手段进行扩散传播，从而引起更多的关注。

在这个过程中，主播发表的言论观点一定要符合主流价值观，谈及观点时要有理有据，不然容易引人非议，得不偿失。

3. 多平台运营

主播一个人的知识体系是有限的，直播风格往往也较单一，时间久了，难免会引起用户的视觉疲劳。此时，主播可以考虑在多平台开播，甚至尝试运营其他类型的自媒体，如微博、微信公众号等。不同的平台有不同的用户群体，主播可借助不同的平台，吸引更多的用户，用更多的连接和互动，增强用户的黏性。

例如，主播可以开通个人微信公众号。在主播的个人微信公众号中，主播可以定期发布一些自己撰写的关于自身生活、直播内容方面的文章，增强现有"粉丝"的黏性；也可以通过微信公众号内的互动话题了解其他用户的需求，了解用户想看什么内容、不想看什么内容，从而产出更符合用户需求的直播内容。

　　直播营销并不是一个人的活动，但主播一个人可以先入行积累。这个积累过程可能并不容易，因而更需要"借势"，即借平台之势和借他人之势。等积累了一定的直播经验之后，主播就可以按照业务所需招募人员，组建团队了。

> **课堂讨论**
>
> 　　说一说你知道的"网红"主播的成长故事。

4.1.2　直播营销部门的团队架构

　　一个企业想要规划自己的直播营销部门，需要设置哪些岗位、配置哪些人员呢？

　　企业成立直播营销部门，其目的是通过直播来实现企业的品牌营销或商品销售。如果成立直播营销部门的主要目的在于品牌营销，那么，直播营销可以被理解为新媒体营销战略的一部分，可以归属于市场营销部门或新媒体营销部门，企业可能不需要专门招募人才；而如果成立直播营销部门的主要目的在于商品销售，企业则需要配置专业的直播营销团队。

　　要想配置专业的直播营销团队，需要根据直播营销的流程搭建团队。

　　目前，比较科学的直播营销的流程如下。

　　● 直播前：运营团队需要做好直播账号定位、账号的前期维护及账号"粉丝"运营；选品团队选择合适的商品及制定促销策略；主播团队尽可能熟悉直播中所要销售的商品，策划及撰写直播脚本，设计直播话术等；拍摄团队布置直播间。

　　● 直播中：拍摄团队负责直播内容拍摄；主播团队进行现场直播，负责直播间的用户关注引导、介绍商品、展示商品、直播间气氛营造、解答用户疑问等内容。

　　● 直播后：拍摄团队负责保管拍摄设备；运营团队负责统计直播销售数据并开展数据分析；选品团队对接直播商品售后服务等。

　　基于以上的直播营销流程，直播营销部门的团队架构如图 4-1 所示。

　　直播营销部门只是企业内一个主要处理直播营销业务的部门，该部门和其他部门之间可以通过合作来实现人员的优化配置。在预算有限的情况下，在直播营销部门搭建的前期，除了主播团队之外，拍摄团队、运营团队及选品团队，可以先借用新媒体部门、电商部门的相关人员。等熟悉了直播营销的商业模式，获得稳定的收入之后，直播营销部门再按需招募更多专业人员。

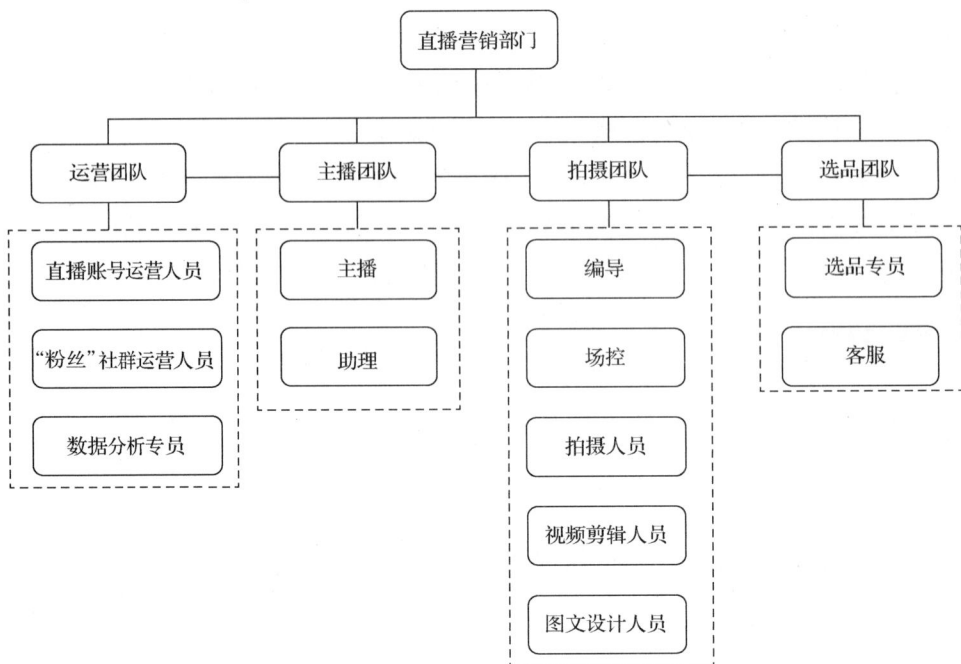

图 4-1 直播营销部门的团队架构

课堂讨论

    观看一场某品牌的"带货"直播，观察直播过程中出现在直播间的所有人，说一说每个人的作用是什么。

4.1.3 直播营销公司的组织架构

从直播营销行业来看，主播在拥有一定的知名度和直播经验后，可能联合投资人开办一家主营直播营销的公司。

直播营销公司与直播营销部门的运营目标不同。企业的直播营销部门，主要价值是帮助企业销售商品，直播时商品的销售量越高越好。而一个独立的直播营销公司，其价值在于获得合作品牌商的认可，从而吸引更多的品牌商与其开展合作。而要想获得品牌商的认可，直播营销公司不仅需要关注直播时商品的销售量，还需要关注直播营销活动能否提升品牌商的品牌影响力。

这意味着，直播营销公司不仅需要专业的主播人才和拍摄人才，还需要更多策划人才、运营人才及商务人才。

通常情况下，直播营销公司需要设置以下职能部门。

● 选品部：包括招商专员和选品专员，负责商务合作谈判及选品，并制定合适的价格策略。选品专员选品时，需要注意商品的质量、定位、优势等。

- 直播部：包括主播、助理、编导及摄像人员。直播营销公司与企业的直播营销部门不同，因为需要不断通过直播为公司带来收入，所以需要配置不止一名主播，还需要为主播配置助理。而编导则需要根据主播的风格和用户属性，策划直播脚本、话术脚本等，还需要组织搭建直播间，组织拍摄和录制，负责现场的调度与控制；摄像人员需要监控直播全过程，保证直播质量，还需要协调与沟通直播过程中的各个环节。

- 运营部：负责网店运营、活动运营、直播运营、用户运营及关联的新媒体运营。
- 设计部：负责公司的图文设计和视频剪辑工作。
- 客服部：负责直播间的售中咨询、售后服务及物流对接工作。

直播营销公司的组织架构如图 4-2 所示。

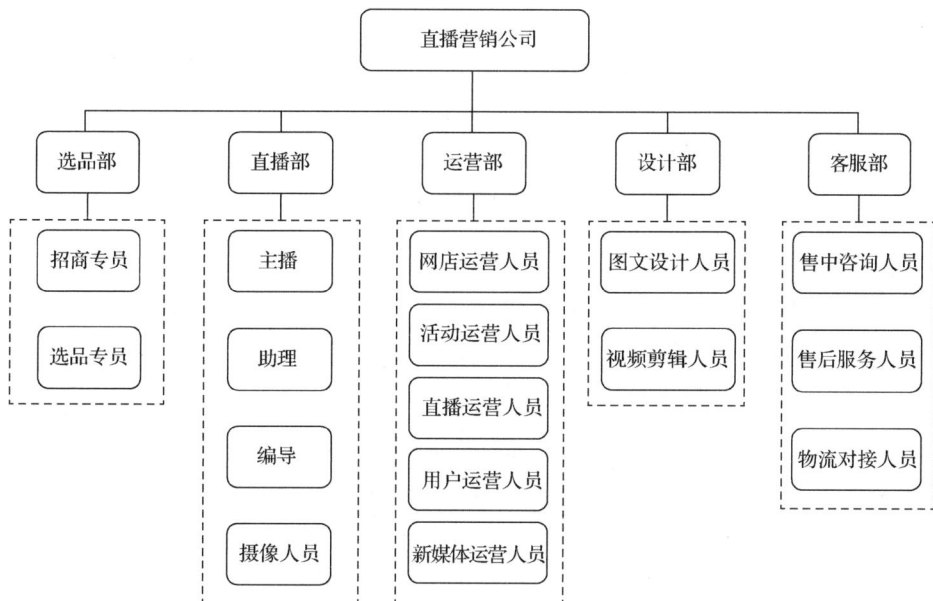

图 4-2 直播营销公司的组织架构

课堂讨论

观看一场知名主播的"带货"直播，观察直播过程中出现在直播间的所有人，说一说每个人的作用是什么。

4.2 直播团队的配置方案与运营策略

一个直播团队，需要多少人？新成立的直播团队为了节约运营成本，成员可以身兼数职。而有一定财力基础的团队则可以专人专职。

按照直播间资源投入状况及营销目标，直播团队人员配置方案可以分为"低配版"

"基础版""进阶版""高阶版""旗舰版"五个级别，如表 4-1 所示。而不同的团队配置，有不同的运营策略。

表 4-1　直播团队人员配置方案

配置方案	主播人数/名	运营专员人数/名	编导专员人数/名	助理专员人数/名	选品专员人数/名	客服专员人数/名	场控专员人数/名	其他
"低配版"（2 人团队）	1	1	—	—	—	—	—	—
"基础版"（4 人团队）	1	1	1	1	—	—	—	—
"进阶版"（6 人团队）	2	1	1	1	1	—	—	—
"高阶版"（8 人团队）	2	1	1	1	1	1	1	—
"旗舰版"（11 人及以上团队）	2	2	1	2	2	1	1	按需设置

4.2.1　"低配版"：2 人团队

"低配版"直播团队是指，只有核心人员的直播团队。

直播新手在直播初期并没有很高的流量要求，也没有明确的变现目标，只需要自编、自导、自演、自播就能够完成直播工作。这时，可按需配置"低配版"的直播团队。

1.　"低配版"直播团队的职能分工

"低配版"直播团队仅需要两个人：1 名主播和 1 名运营。"低配版"直播团队的职能分工如表 4-2 所示。

表 4-2　"低配版"直播团队的职能分工

岗位	职能分工
主播	熟悉商品文案、策划及撰写直播话术、准备自身服装及直播间道具、引导直播间用户关注、介绍直播间促销活动、介绍及展示直播间商品、为用户答疑、营造直播间氛围，以及对直播内容进行复盘总结等
运营	选品、定价、制定促销方式、分析竞品、直播平台活动运营、研究直播平台运营规则、策划直播间的促销活动、撰写商品文案、上架及下架商品、调试直播设备、监测直播效果、配合主播直播，以及对直播内容进行复盘总结等

"低配版"直播团队，由于人数少，每个人都身兼多职。

（1）主播

一个优秀的主播，需要具备三个特点：有镜头感、有综艺感、敬业。

- 有镜头感。面对镜头，很多人感觉自己是在和机器说话，表情僵硬，浑身不自然。有镜头感的主播，在面对镜头介绍商品时，就像面对面给朋友介绍商品。

- 有综艺感。有综艺感的主播在直播过程中，能够制造笑点，调节气氛；也能够以幽默的形式化解尴尬、应对各种问题。

- 敬业。敬业的主播会在开播前多做功课，尽可能地了解商品。

"低配版"直播团队中的主播，不仅要做好直播工作，还需要自己撰写直播脚本、直播话术，以及准备直播间道具等。因此，主播需要具备相关方面的技能。

（2）运营

运营除了要做好直播平台的运营工作外，还需要参与招商、选品、直播数据分析、直播竞品分析等工作。这意味着，运营应该是能够身兼数职的"全能型人才"。

2. "低配版"直播团队的运营策略

"低配版"直播团队，往往是刚开始尝试做直播的团队。此时的主播和运营，可能对直播的各个流程还都处于"正在了解"的阶段；主播的粉丝号召力比较低，直播间的"带货"能力也不明显。

"低配版"直播团队可以参考以下运营策略。

（1）靠优质的短视频内容吸引"粉丝"。直播团队如果还不太熟悉直播"带货"模式，可以先在抖音、快手或视频号等短视频平台稳定输出优质的短视频内容，积累"粉丝"。

（2）尝试定期直播。在输出优质的短视频内容的同时，还需要以定期、高频率、短时长的模式尝试直播。例如，每天 12：00 或 19：00 开始进行 1 小时左右的主题聊天式直播，主播可以先设定一个聊天主题（与短视频定位一致），准备能够畅聊 30～45 分钟的素材，在话题结束后，主播可以尝试从不同角度介绍并展示 1～2 款自己熟悉的商品。此时，主播不必追求"带货"效果，但需要注意直播间用户的反应，以了解采用什么样的介绍方式能够引起用户的观看和交流兴趣。主播可以穿插抽奖活动，引导直播间的用户关注账号、点赞。

（3）逐渐增加直播方面的工作量。随着对直播流程和"带货"模式的日益熟悉，主播可以逐渐延长直播时长至 2～4 小时，不过，由于团队人数少，每场直播时长不宜超过 4 小时；直播间的商品数量可以增加至 2～5 款；直播团队的工作重心可以慢慢从拍摄短视频转移到直播上。

课堂讨论

一些知名的主播早期所在的团队也是"低配版"的。从互联网上收集一些资料，和大家分享你知道的"低配版"直播团队的运营故事吧。

4.2.2 "基础版"：4 人团队

要提升直播间的商业价值，在人数有限的情况下，直播团队最好专注于打造优质内容。这意味着，如果要在"低配版"的基础上增加人员，最好配置有助于优化直播内容的人员，即编导和助理。

1. "基础版"直播团队的职能分工

"基础版"直播团队需配置 1 名主播、1 名编导、1 名助理和 1 名运营。表 4-3 所示为"基础版"直播团队的职能分工。

表4-3 "基础版"直播团队的职能分工

岗位	职能分工
主播	熟悉商品、熟悉直播话术、介绍直播间促销活动、介绍及展示直播间商品、为用户答疑、营造直播间氛围，以及对直播内容进行复盘总结等
编导	研究竞品、策划主播人设、策划商品介绍节奏、策划及撰写直播话术、组织直播前沟通和预演、监测直播效果，以及对直播内容进行复盘总结等
助理	上架及下架商品、调试直播设备、引导用户关注直播间、配合主播直播、提醒主播、传递直播间样品等
运营	选品、定价、制定促销方式、直播平台活动运营、研究直播平台运营规则、策划直播间的促销活动、撰写商品文案，以及对直播内容进行复盘总结等

相较于"低配版"直播团队，"基础版"直播团队增加了1名编导和1名助理。由于编导和助理的加入，主播和运营的工作内容相对来说有所减少。

（1）编导

编导的加入，可以让直播工作更具专业性和系统性。一般而言，在直播团队中，编导的主要作用如下。

- 策划主播的人设。
- 策划及撰写直播内容大纲、话术脚本。
- 在直播前，组织团队召开会议，与团队成员沟通及预演直播爆点、商品特点、互动环节等直播细节。
- 负责直播过程中的监测工作和协调工作。
- 负责直播过程的复盘与优化。

此外，编导还可以根据直播营销需求，策划和制作各类宣传片和外景片，并负责拍摄脚本的撰写、摄像、后期剪辑、特效包装等工作。

（2）助理

如今，"1名主播+1名助理"已经成了直播间的"标配"。在流量较大的直播间，主播难以一个人在直播中兼顾商品推荐与用户运营的工作，通常会搭配一个助理。

助理在直播过程中有以下四个方面的作用。

- 引出话题。有时候主播无法在直播时直接表达某个观点，这时就需要由助理进行表达。
- 提醒示意。一场直播可能会持续2～4小时，主播记住每个商品的特点的难度较大，而助理就可以在主播忘记某个关键的信息时巧妙进行提醒，如事先设定的幽默点、福利环节等。
- 捧哏逗哏。传统的相声分为捧哏和逗哏两种角色，两个人一唱一和，把一件事说得生动、形象。在直播间，主播和助理也可以通过这种方式，活跃氛围，强化重点。
- 互动引导。在直播间，主播和助理分工明确，更有助于做好直播营销。主播主要负责商品本身及优惠的介绍；助理则主要负责活跃气氛，并且兼顾直播间的用户引导工作，如引导关注、引导分享、引导输入信息、引导加入购物车、引导评论互动、引导下单、对粉丝送礼表达感谢等。

2. "基础版"直播团队的运营策略

"基础版"直播团队的人数增多，直播的策划更具专业性，直播团队对直播过程也更容易把控。此时的直播运营，可以进行以下三个方面的调整。

（1）调整短视频方面的工作。减少短视频的发布量，将工作重心放在直播"带货"上；同时，在短视频平台，逐渐改为发布精彩、有趣的直播片段型短视频，以吸引短视频平台用户，将其转化为主播或直播间的粉丝。

（2）优化直播内容。在直播内容上，直播团队可以根据直播间的用户画像及目标用户群的画像，逐渐优化直播过程中各个环节的互动内容，包括但不限于直播间的开场设计、抽奖设计、介绍商品的节奏、推荐商品的话术、评论区引导，直播前的宣传引流策划，直播后各个平台的扩散策划和话题策划等。

（3）调整直播时长。由于主播已经拥有一定的直播经验和直播"带货"经验，且直播环节有编导的指导和助理的配合，每场直播的时长可以保持在 4 小时左右，直播间推荐的商品也可以定为 7～10 款，每款商品的介绍时长可以设定为 20～30 分钟。此时的直播目标，不在于成交量或成交金额，而在于找到能够获得用户和合作方的认可的介绍方式。

课堂讨论

观看一场知名主播的"带货"直播，说一说助理是如何配合主播进行直播的。

4.2.3 "进阶版"：6 人团队

当直播间拥有一定用户基础之后，直播团队可以根据业务需求、团队人员实际情况等因素，适当增加团队人员的数量和岗位，以便提升直播营销的效果。此时的直播团队，即为"进阶版"直播团队。

1. "进阶版"直播团队的职能分工

"进阶版"直播团队需配置 2 名主播、1 名编导、1 名助理、1 名运营和 1 名选品。表 4-4 所示为"进阶版"直播团队的职能分工。

表 4-4　"进阶版"直播团队的职能分工

岗位	职能分工
主播	熟悉商品、熟悉直播话术、介绍直播间促销活动、介绍及展示直播间商品、为用户答疑、营造直播间氛围，以及对直播内容进行复盘总结等

直播营销（第3版 慕课版）

续表

岗位	职能分工
编导	研究竞品、策划主播人设、策划商品介绍节奏、策划及撰写直播话术、组织直播前沟通和预演、监测直播效果，以及对直播内容进行复盘总结等
助理	上架及下架商品、调试直播设备、引导用户关注直播间、配合主播直播、提醒主播、传递直播间样品等
运营	直播平台活动运营、研究直播平台运营规则、策划直播间的促销活动、撰写商品文案，以及对直播内容进行复盘总结等
选品	了解用户需求、招募品牌商和供应商、选择商品、开展价格谈判、维护供货商，以及协助处理售后事务等

"进阶版"直播团队新增了1名主播，共计2名主播；新增设了选品岗，其主要工作包括品牌合作洽谈、选择商品等与商务合作和商品相关的工作。

选品岗对直播营销来说也非常重要，在直播间，粉丝购买主播推荐的商品，经历了从"好奇"到"信任"再到"信赖"的过程。而这个过程，需要在选品的支持下才能顺利完成。

2."进阶版"直播团队的运营策略

"进阶版"直播团队的岗位分工比较完善，策划、直播、选品、运营等各个环节的重要工作都有专人负责。此时的直播运营策略，可以参考以下三点。

（1）尝试设定团队工作目标。直播团队的工作目标可以定位为稳定提升直播间的"带货"能力。为此，直播团队成员需要齐心协力地做好用户需求识别和选品工作。

（2）延长直播时长。由于团队配置了2名主播和1名助理，每场直播的时长可以适当延长至6小时左右。直播期间，2名主播也可以轮流直播，减轻直播压力。

（3）确定合理的商品推荐时长和商品数量。虽然直播时长已经有所延长，但考虑到此时的直播团队仍然处于成长期，需要用全面、专业的商品介绍来获得用户的信任及更多的商业合作机会，主播每次推荐商品的时间不宜太短，每款商品的介绍应该保持在15分钟左右。同时，为了增强用户对直播间的黏性，每场直播还应该进行多次抽奖活动。因此，一场6小时的直播，主播一般推荐20款商品即可。

> **课堂讨论**
>
> 观看一场知名主播的"带货"直播，看一看主播在直播过程中展示了哪些商品，商品价格与电商店铺的相同商品价格有什么差别。

4.2.4 "高阶版"：8人团队

当直播一段时间，有了一定的用户基础、营销效果后，直播团队可以再次细分，增加团队人员，确保直播工作专业、有序地运行。此时的团队即为"高阶版"直播团队。

1. "高阶版"直播团队的职能分工

"高阶版"直播团队需要配置 2 名主播、1 名编导、1 名助理、1 名运营、1 名选品、1 名场控、1 名客服。表 4-5 所示为"高阶版"直播团队的职能分工。

表 4-5 "高阶版"直播团队的职能分工

岗位	职能分工
主播	熟悉商品、熟悉直播话术、介绍直播间促销活动、介绍及展示直播间商品、为用户答疑、营造直播间氛围,以及对直播内容进行复盘总结等
编导	研究竞品、策划主播人设、策划商品介绍节奏、策划及撰写直播话术、组织直播前沟通和预演、监测直播效果,以及对直播内容进行复盘总结等
助理	引导用户关注直播间、配合主播直播、提醒主播、传递直播间样品等
运营	制定促销方式、直播平台活动运营、研究直播平台运营规则、策划直播间的促销活动、撰写商品文案,以及对直播内容进行复盘总结等
选品	了解用户需求、招募品牌商和供应商、选择商品、开展价格谈判、维护供货商,以及协助处理售后事务等
场控	调试直播设备、上架及下架商品、监测直播数据、传递临时信息,以及提醒主播注意事项等
客服	在直播间内回答商品相关咨询、商品的售后服务、商品的物流沟通等

相对于"进阶版"直播团队来说,"高阶版"直播团队新增了场控岗和客服岗。这两个岗位的人员相当于分担了助理的部分工作,直播团队通过更详细的分工,确保直播营销的有序进行。

其中,场控的工作职责如下。

- 直播前,进行相关的软硬件的调试;直播中,负责中控台所有相关的后台操作,包括直播推送、发布公告、上架商品等。
- 进行直播数据监测,包括实时在线人数峰值、商品点击率等,出现异常情况场控需要及时反映给运营。
- 在直播开始后,场控为运营传递临时信息给主播或助理。

此外,场控需要关注主播在每个环节的讲述时长,必要时,需要提醒主播注意直播节奏,从而让整个直播过程保持适当的节奏。

客服岗的主要工作:开播前,确认商品、样品及道具是否准备好;直播过程中,在直播间回答关于商品的咨询;直播后,负责物流沟通、处理用户的售后问题等。

2. "高阶版"直播团队的运营策略

在"高阶版"直播团队中,由于场控和客服都承担了一部分直播协助工作,主播和助理可以专注于直播间的商品介绍和用户互动。这意味着,直播营销过程中的两个关键流程"商品介绍"和"用户互动"都得到了一定的保障。

"高阶版"直播团队可以参考以下三个运营策略。

(1)优化直播内容。由于主播和助理已经拥有比较丰富的商品推荐经验,每款商品的推荐时间可以缩减为 10 分钟左右,一场时长 6 小时的直播,主播可以推荐 30 款商品。在一场直播中,主播除了推荐商品之外,还可以设定固定的抽奖环节、互动环节,通过抽奖送福利、讲故事或聊天等方式，增强用户对直播间的好感。

（2）确定业绩目标。此时的直播团队，可以根据过往成绩确定业绩目标。可以先确定月度业绩目标，再规划年度业绩目标，最后再把月度业绩目标分解为每天的业绩目标。当然，为了更好地实现业绩目标，直播团队需要在每场直播结束后迅速复盘，查找不足之处，逐渐优化直播中的话术和互动策略。

（3）进一步优化运营和选品工作。运营需要通过维护不同平台的自媒体账号，增强主播和直播间的影响力，同时需要做好直播间引流和粉丝运营工作，增强直播间的人气和用户对直播间的黏性；选品需要根据用户的需求选择用户认可的高品质商品，并尽可能地为用户争取更多的优惠，以赢得用户对直播间的信任。

课堂讨论

看一场知名主播的"带货"直播，看一看客服人员在直播时做了哪些工作。

4.2.5 "旗舰版"：11 人及以上的团队

为了追求更好的直播营销效果，直播团队可以升级为"旗舰版"。"旗舰版"直播团队具有明确的组织架构和职能分工。

1. "旗舰版"直播团队的职能分工

"旗舰版"直播团队需要配置 2 名主播、1 名编导、2 名助理、2 名运营、2 名选品、1 名场控、1 名客服。表 4-6 所示为"旗舰版"直播团队的职能分工。

表 4-6 "旗舰版"直播团队的职能分工

岗位	职能分工
主播	熟悉商品、熟悉直播话术、介绍直播间促销活动、介绍及展示直播间商品、为用户答疑、营造直播间氛围，以及对直播内容进行复盘总结等
编导	研究竞品、策划主播人设、策划商品介绍节奏、策划及撰写直播话术、组织直播前沟通和预演、监测直播效果，以及对直播内容进行复盘总结等
助理	引导用户关注直播间、配合主播直播、提醒主播、传递直播间样品等
运营	定价、制定促销方式、直播平台活动运营、研究直播平台运营规则、策划直播间的促销活动、撰写商品文案，以及对直播内容进行复盘总结等
选品	了解用户需求、招募品牌商和供应商、选择商品、开展价格谈判、维护供货商，以及协助处理售后事务等
场控	调试直播设备、上架及下架商品、监测直播数据、传递临时信息，以及提醒主播注意事项等
客服	在直播间内回答商品相关咨询、商品的售后服务、商品的物流沟通等

相对于"高阶版"直播团队来说，"旗舰版"直播团队没有新增岗位，只是增加了个别岗位的人数：增加了 1 名助理、1 名运营和 1 名选品。如果说前面的团队升级是为了做好直播内容，那么，升级为"旗舰版"直播团队则是为了做好营销。这里的营销有

两层意义：一方面是指直播间的"带货"成绩；另一方面则是直播账号或主播本身的品牌价值。

2. "旗舰版"直播团队的运营策略

对于"旗舰版"直播团队，由于运营团队的扩大，直播团队可以充分了解直播平台的运营规则、活动规则、用户推送规则，关联自媒体平台的用户运营策略，以及直播行业的发展趋势、消费趋势、竞品动态等信息，从而通过专业化的运营，有策略地增强直播账号和主播的影响力；由于选品团队的扩大，直播团队可以进一步挖掘用户需求，根据用户需求去选择更多合适的商品；由于增加了 1 名助理，主播团队可以实现 2 套"1名主播+1 名助理"的直播配置，可以适当增加每周的直播场次，也可以定期增设 2 名主播和 2 名助理共同出镜的大型直播营销活动。

当然，"旗舰版"直播团队并不是最高配置。

在岗位安排上，按照现实的业务需求，直播团队可以继续针对某些工作进行人员补充。例如，直播团队可以招募图文设计、文案策划、视频剪辑、数据分析等方面的专业人员，从而进一步优化运营环节的工作。

在人数设置上，直播团队也几乎没有上限。以某直播团队为例，目前该直播团队在全国范围内共有 500 多人，团队成员除了负责直播间的工作外，主要承担了招商、选品、策划、运营、数据分析等环节的工作。

总之，不管在哪一种情况下，构建直播团队，都要遵循"因事设岗，按岗招人，调适匹配"的原则，这样才容易为团队找到合适的人才。

课堂讨论

你有关注的"带货"主播吗？其直播团队是什么样的配置？

4.3　直播团队薪资模式

众所周知，薪资模式会影响团队的工作积极性和直播营销效果。本节将系统介绍普通模式、激励模式和合伙人模式这三种常见直播团队薪资模式及其适用场景。通过详细的比较分析，读者可评估自身实力和优势所在，选择合适的薪资模式，最大限度地调动团队积极性，取得更好的直播营销效果。

4.3.1　普通模式

普通模式是直播团队较常见的薪资模式，即根据团队成员的岗位和工作内容确定无责底薪，再给予适量的直播业绩提成，年底分配年终奖。示例如下。

每月 6000 元无责底薪+1%×当月直播组业绩提成+10 000 元年终奖

普通模式适用于多数直播团队，特别是规模较小或较为成熟的团队。这种模式的优点是明确、公平，且易于管理。团队成员清楚知道自己可以得到什么，这有助于稳定团队，并降低员工流动性。然而，这种模式的缺点是，它可能不足以激发团队成员的积极性和创新性，团队成员工作积极性难以保证。

适用场景：小型初创团队；团队成员流动性较低时；业务稳定期。

> **课堂讨论**
>
> 采用普通模式后，为团队成员定岗位和无责底薪时，应注意什么？

4.3.2 激励模式

激励模式下公司一般会为员工设置更多业绩指标，为业绩划分更多层次，然后根据员工的业绩完成情况给予员工相应的奖金或提成。在这种模式下，团队成员的薪资与其表现直接挂钩。团队成员的薪资通常包括相对低的基本工资、直播提成、阶梯绩效及阶梯年终奖。示例如下。

每月 4500 元无责底薪+当月直播组业绩提成×0.6%+当月 A 级绩效+A 级年终奖

A 级绩效：6000 元。

B 级绩效：5000 元。

C 级绩效：2800 元。

D 级绩效：0 元。

员工一个自然年内若获得 5 次 A 级绩效和 5 次以上 B 级绩效，可获得 A 级年终奖 20 000 元；若获得 3 次 A 级绩效和 7 次以上 B 级绩效，可获得 B 级年终奖 15 000 元；若获得 3 次 B 级或以上绩效和 7 次以上 C 级绩效，可获得 C 级年终奖 8000 元；难以满足上述条件者，获 D 级年终奖 1000 元。

激励模式适用于希望激励团队成员提高表现的直播团队，特别是"带货"直播团队。这种模式的优点在于，它可以激发团队成员的积极性和创新性，有助于提高团队的整体表现。这种模式的缺点在于，如果没有设定合理的目标和评价标准，可能会导致团队成员间竞争过于激烈，对团队的团结和协作产生负面影响。

适用场景：公司快速增长期；需大力提升团队积极性时。

> **课堂讨论**
>
> 采用激励模式后，如何设置合理的绩效目标和评价标准？试与老师和同学讨论。

4.3.3 合伙人模式

合伙人模式是一种创新型薪资模式。在这种模式下，团队核心成员不仅是员工，也是合伙人，其薪资主要源自利润分红。示例如下。

月度直播组净利润×8% + 年终直播组净利润×30%

合伙人模式强调了核心团队成员的参与感和归属感，让他们更像是团队的拥有者，而不只是员工，适用于希望更深度地绑定团队成员的直播团队。这种模式可留住人才，但需公司具有较高的成长性，否则也可能造成人才流失，给团队稳定性带来不利影响。

适用场景：公司成长阶段；希望激励核心员工长期发展时。

课堂讨论

试列出几位你熟悉的主播，并与老师和同学讨论：为留住这些主播，其团队适合采用什么薪资模式？说说你的判断依据。

思考与练习

1 直播营销的核心岗位有哪些？各个岗位的职责是什么？

2 请简述新手主播提升人气的方法。

3 请简述不同直播团队的必备岗位及各个岗位的工作职责。

4 在拥有足够预算的情况下，如何配置直播团队有利于开展直播营销活动？

5 处于不同发展阶段的直播团队，分别适合什么样的薪资模式？

PART 05

第 5 章
直播营销的主播打造

<table>
<tr><td rowspan="1">知识目标</td><td>➤ 了解人气主播的特点。
➤ 了解主播人设的策划方法。
➤ 了解主播人设的渲染方法。
➤ 了解虚拟主播相关知识。</td></tr>
</table>

<table>
<tr><td>素养目标</td><td>➤ 树立远大理想和人生目标，强化责任担当。
➤ 坚持正确内容导向，培养具有正确认知和价值观的主播。
➤ 围绕满足人民美好生活需要，打造专业且有温度的主播。</td></tr>
</table>

　　主播是直播间的核心人物之一，优秀的主播有时能大幅提升直播效果。本章将解析人气主播的特点，分享主播人设策划方法，系统介绍主播的打造方法。值得留意的是，越来越多的虚拟主播出现在直播间，虚拟主播直播营销的新形式值得读者了解学习，本章也将客观予以介绍。

5.1 人气主播具备的特点

主播对直播营销的结果起着决定性的作用。人气高的主播自带流量，具备更大的营销潜力。

人气高的主播，往往在价值观、语言风格、专业知识等方面有独特之处，因而更能得到用户的喜爱和支持。

5.1.1 有正向的价值观

主播在某种程度上可以看作公众人物，其一言一行都会被很多人看到。因此无法预料，哪个用户在观看了主播的直播后会改变什么想法或做出哪些行为。为了避免负面的引导，主播需要有正向的价值观。在直播平台传播一些内容时，主播要积极宣传正向的价值观。

有些主播为了博眼球、吸引流量，故意制造一些无聊的话题，或者观点偏激，或者使用不当的言语来展示自己的"个性化"。其实，很多观看直播的用户，并不愿意看到这些内容。即使系统推荐了，这些内容也会被用户标记为"不感兴趣"，或者被用户直接举报。

有正向价值观的主播更容易获得支持。一方面，主播对一些热点事件的点评或分享的个人经历，符合正向价值观，相对于哗众取宠的偏激观点，更容易展示主播的社会责任感，引起用户的好感；另一方面，看到主播拥有正向的价值观，用户会更加相信主播及其团队是有责任心的，会更信赖主播推荐的商品。

例如，某知名主播的粉丝对其直播间的黏性非常高，其中主要原因就在于粉丝相信他的"三观很正"。

例如，对于所有自身经济能力不足的粉丝，他一再传递的消费观是"你有多少钱，就过什么样的生活""不要盲目追求大牌""用平价的东西，不可怜，也不丢脸""口红涂在嘴唇上，你还是你自己，你要驾驭这支口红，而不是让口红驾驭你"……

再如，他会严格遵守行业规则。对于直播"带货"不允许销售的商品，他看到"粉丝"的要求时，也会耐心解释并引导大家遵守规则。他会在直播间说："很多朋友希望我们卖××，朋友们，这是械字号商品，我的直播间不能卖，我要遵守规定。"

粉丝因为看到该主播"三观很正"，相信他不会为了销售成绩而说违心的话、做违心的事，继而更觉得他"值得信赖"。

直播营销需要建立在信任基础上，主播有正向价值观及符合正向价值观的言行，更容易获得用户的信任和长期支持。

课堂讨论

想一想，你喜欢的主播或知名的主播，其价值观是什么样的。

5.1.2　语言幽默风趣

幽默风趣的语言，有助于提升主播的个人魅力，也有助于调节直播间的气氛。在幽默风趣的氛围中，即使是毫不相识的用户，也愿意交流彼此的看法。

知乎上有一个话题："你印象最深的名人直播是哪一场？"有网友回复："撒贝宁那一场，因为看他的直播简直是一种享受。"

与普通的主播相比，撒贝宁在直播时，总是会用出人意料的幽默话语调侃一番，且能做到收放自如、用词得体、尺度得当，既能让大家开怀大笑，又不会冒犯到大家。

主播要想在直播间熟练使用幽默风趣的语言，可以从以下三个方面进行训练。

（1）巧妙的语气

主播需要理解每一段幽默的内容，知道引人发笑的地方在何处、什么时候停顿留伏笔、什么时候加快语速。主播可通过在关键之处的语气安排，让内容呈现出幽默风趣的效果。

（2）丰富的素材

平时，主播需要注意从网络和生活中收集丰富的场景素材，通过巧妙的情节设置，将其设计成属于自己的幽默段子，并以适合自己的风格讲述出来。

（3）模仿学习

不苟言笑的主播也可以通过模仿"脱口秀"节目或娱乐节目中主持人的说话方式来提升自己的幽默感。这样的模仿学习过程包括以下三个步骤：首先，选择一段风趣幽默的节目，先记住主持人使用的全部语言素材；其次，反复观看节目，揣摩并理解主持人的话语及搭配的动作表情；最后，开始模仿，将这个场景表演给家人或朋友，看对方的反应，听取对方的意见，或者录制自己的表演视频，将其与原节目对比，找出不足之处，并进行有针对性的改善。

> **课堂讨论**
>
> 想一想，你关注的主播，在什么情况下会说出幽默的话语。

5.1.3　讲解专业且贴合现实

直播间的用户会评估商品的质量和价格，也会判断主播是不是真的了解商品，以及商品对自己来说是否有用。主播只有充分了解商品，在直播中能够全面介绍商品的主要特点，才可能真正得到直播间用户的信任。

知名演员刘某之所以能够创造很多直播销售纪录，是因为她对商品的充分了解，以及专业且贴合现实的商品展示。

例如，刘某在介绍一款小龙虾时，首先强调"新鲜""近期生产"，然后明确说明虾的重量和汤汁重量，最后告诉大家，吃完虾后剩下的汤汁，可以用来煮面；在介绍一款气泡冲牙器时，她先介绍了商品的组成部件，再介绍商品的功能，还一一讲解和示范了四个按钮不同的功能与用途。

在其直播过程中，刘某对商品的讲解十分细致，从每一件商品的日常价、补贴价、直播间促销价，到商品本身品牌、功能、特性及对商品的使用体验，她的推荐条理清晰，让人信服。

可见，影响主播销售成绩的，并不完全在于主播的人气，还在于主播的专业度。而主播要想提升自己的专业度，可以从以下四个维度来介绍商品，如表 5-1 所示。

表 5-1　介绍商品的四个维度

维度	核心问题
价格	日常价是多少，促销价是多少，省多少钱，相当于几折
亮点	商品有哪些值得一说的亮点，是否需现场示范使用方法
场景	这款商品在哪些场景能用上，除了自己，身边还有谁能用
理由	为什么我想推荐这款商品，我或身边的人的使用体验如何

此外，主播要尽可能地提升自己对商品所属行业的认知。例如，对于美妆类商品，主播要对商品成分、护肤知识、化妆技巧、彩妆搭配等领域做到尽可能精通；对于服装类商品，主播要对衣服的材质、穿衣风格、时尚流行、穿搭技巧等方面有所钻研。

课堂讨论

说一说你了解的专业能力强的主播。

5.2　主播的人设策划

主播是直播间的核心，用户对主播的认知和印象决定了其对直播间的评价。而有鲜明人设的主播，更容易被用户识别和记住。

"人设"一词，可能来源于小说、漫画中的"人物设定"，其含义是，作者给自己笔下的角色添加一些如性格、技能、相貌、家世、人际关系等方面的设定，以树立一个丰满的角色形象，给读者留下深刻的印象。通常情况下，人设需要在构想剧情之初就完成，以作为基础的创作框架，来限定后续的剧情创作。后来，人设逐渐被延伸到娱乐领域、自媒体领域、直播领域等。

在直播策划中，需要先策划主播的人设。一个有新意的、讨喜的人设，更容易得到用户的喜欢和支持。

5.2.1 依据用户群选择人设

根据与用户的关系，主播的人设可以分为四种，即专家型、知己型、榜样型、偶像型。这四种人设所代表的意义如下。

（1）专家型，即在某一学科、某一行业或某项技艺上有较高造诣，已经拥有某个领域或多个领域的知识体系，能够有效解决领域内的各种问题，也能够通过写作、演讲等方式持续输出行业内的专业知识。树立专家型人设需凭借专业知识来获取信任。一般情况下，金融服务类、地产服务类、职场服务类、法律服务类、创业服务类、在线教育类及文化类商品的主播，需要树立专家型人设。

（2）知己型，是指能站在用户角度根据用户的需求提供好建议。其特点是"与用户站在一起"。因此，拥有知己型人设的主播输出的许多内容，需要跟用户群的认知一致或保持同一水平。拥有知己型人设的主播，适合推荐家居用品、生活用品、数码产品、食品等品类的商品。

（3）榜样型，是指在某个或某些方面能力突出，堪称榜样，也称作"达人"。拥有榜样型人设的主播，适合推荐美妆、服饰、运动、科技、娱乐服务、生活服务、旅行服务等品类的商品。

（4）偶像型，是指拥有比较突出的外在形象和才艺特长。拥有偶像型人设的主播更适合推广跟潮流相关的品类，如美妆、服饰、影音、运动、旅行商品或服务等。

直播团队策划主播的人设时，可以根据直播间主要销售商品的品类或直播间主要用户群的消费偏好，选择合适的人设；也可以根据主播个人的特点，如年龄、形象、语言风格等特点，为其策划合适的角色。

（1）年龄。主播的真实年龄和镜头下年龄如何？每个人设适合展现的最佳年龄是多大？例如，如果主播只有20岁，策划人设为偶像型、知己型会比专家型更合适。因为能够给予用户专业意见的行业专家，需要有丰富的从业经验、精彩的履历，那么，40岁的主播显然会比20岁的主播更容易获得用户的信任。

（2）形象。主播的个人形象是"邻家哥哥、邻家姐姐"型的，还是"时尚精致"型的？偏爱日常装扮的主播，策划其人设为榜样型或偶像型，可能缺乏说服力；但若策划其人设为知己型，则可能会更有亲和力。从另一个角度说，若是策划主播人设为偶像型，就需要主播塑造出时尚精致的外在形象。

（3）语言风格。主播在沟通问题、解决问题时，是采用情感说服还是理性思考后的逻辑说服？采用情感说服的主播可能更适合成为知己型主播，采用逻辑说服的主播可能更适合当专家型、榜样型主播。

除此以外，直播团队还可以根据主播对一些生活问题的看法来丰富主播的人设。例如，主播如何看待婚恋关系、有哪些爱好、喜欢结交什么样的朋友，以及他/她的朋友是怎么描述他/她的。通过回答这些问题，主播可以让自己的人设更加立体。

最后，再补充一种情况：如果主播在兴趣电商平台做直播，是在短视频账号已经聚集了一批粉丝后才开通直播的，而且，主播就是短视频的出镜人员，那么，直播中的主播形象就需要与短视频内出镜人员的形象保持一致。如果直播过程中主播形象与短视频中主播的形象有很大、很明显的差别，那么，依靠短视频积累的粉丝可能会感到失望，不愿意去观看相关的直播，直播的营销效果也就无从谈起了。

课堂讨论

找一找你关注的主播或你知道的主播，看看其人设属于什么类型。

5.2.2 为人设添加一些独特元素

直播团队还需要为主播设计一些独一无二的属性，即挖掘主播的独特之处。

挖掘主播的独特之处，可以通过以下四个方法来实现。

1. 提炼闪光点

提炼闪光点，即挖掘主播个人的核心优势，具体可以从主播的外表、性格、特长等方面入手，也可以从学习历程、工作经验、生活经历、独特技能、个人荣誉等方面寻找主播与其他主播的不同之处。不管从哪里找，关键是要找到一处能够让人记住的闪光点。

例如，某知名主播在经验和技能方面，有以下三个特别之处。

一是有丰富的从业经历。成为主播之前，该主播是某化妆品品牌的彩妆师和销售人员，同时是"那个柜台最专业、最懂化妆品、最会销售的导购"。

二是有官方认证。该主播曾在一次直播中试了 380 支口红，还创下了"30 秒涂口红最多的人"的吉尼斯世界纪录。

三是对口红有充分了解。据报道，该主播家里有数万只口红，他能在 3 秒内从数万支口红里，找出指定的口红，并准确说出这个色号的特色及适合人群。

该主播拥有的这些经验和技能，可以为其人设提供"专业度"保障。

2. 添加反差属性

确定闪光点后，直播团队就可以依据闪光点为主播添加一个反差属性。在不违背主流观念的情况下，为主播添加一个与众不同的属性，有助于提高主播人设的独特性和易记性。

例如，抖音红人"丽江石榴哥"最初的人设是"在集市卖石榴的朴实小摊贩"，其长相憨厚老实，言语真诚，说话语速快。那时，很多人关注他，多是出于同情和鼓励。后来，用户在他的直播中看到他能用流利的英语与外国人交流，进一步了解后，才知道他是一位"白天教书，晚上摆摊"的英语老师，于是心生钦佩。接着，用户发现，他不仅会说英语，还会说日语等多种语言。于是，"朴实小摊贩"的人设就被加上了与最初人设有极大反差的"才华"标签。

这种"朴实的外表"与"丰富的内在"的反差，给人一种"被褐怀玉""大智若愚"的感觉，是比较讨喜的反差人设，因而再次成功吸引了用户的注意力，提高了用户的讨论度和关注度。

3. 设计有辨识度的言行举止

确定主播的独特属性后，直播团队就可以根据要表达的独特之处，为主播策划和设计一些有辨识度的行为和语言，以打造其独具个性的人设。

例如，某主播的独特元素是他的口头禅。该主播凭借"交个朋友"等口头禅，登上微博热搜榜第一名，成功"出圈"被大众熟知。

其实，主播并不需要专门设计不符合自己特点的言行举止。每个人都有与众不同之处，或是外表，或是语言，甚至是某些"缺点"。接纳与别人不一样的部分，从正向的、积极的角度去理解这个"不一样"之处，这一点"不一样"就是主播身上最有记忆点的个人特征。

4. 设置一个有趣、易记的名字

直播团队可以为主播设置一个有趣、易记的名字。为主播设置名字，建议遵循五个原则：贴合人设、朗朗上口、用词简洁、寓意美好、无生僻字。

此外，还需注意名字的发音。如看看名字有没有谐音，谐音的寓意如何，发音听起来是不是有力量。确定名字之后，不要轻易修改。

> **课堂讨论**
>
> 找一位你关注过的主播，想一想这位主播有哪些独特之处。

5.2.3　从三个角度渲染主播人设

人设出于直播团队的精心策划；但人设的建立，则需要基于用户评价和网络互动。换句话说，人设要想打造成功，需要"立得住"；而能否"立得住"，就在于用户对主播的认知和印象是否与策划的人设一致。

要让人设"立得住"，直播团队还需要通过以下三种方式积极渲染主播人设。

1. 策划一系列故事

策划一系列能够表达人设的故事。这样的故事包括三个方面：个人成长的故事、得到用户肯定的故事、直播团队的趣事。

（1）个人成长的故事。这样的故事不是简单地宣传主播个人的事业做得有多好，而是告诉用户主播的成长经历，让用户对主播的经历产生共鸣，进而对主播产生认同感，愿意主动去了解主播所做的事情。

（2）得到用户肯定的故事。这种故事的核心内容是，主播和直播团队遵循什么原则坚持做了哪些事，在这个过程中克服了哪些困难才得到用户的肯定。这个故事也在告诉用户，直播团队拥有什么样的价值观，直播团队在用何种方式为这个世界创造价值。讲这样的故事，需要触动用户的情感。因此，直播团队在策划这样的故事时，不能简单地描述真实的经历，而要在真实经历的基础上加入能够感动自己、唤起情绪的"行动意义"，从而让故事先打动自己，再打动他人。

（3）直播团队的趣事。日常趣事不同于个人成长的故事和得到用户肯定的故事，是轻松的、幽默的故事，是能够引人发笑的故事。这样的故事，对故事的主人公来说是"小尴尬""小错误""不完美"，但却能让用户感觉到直播团队成员的真实和可爱。

这些故事可以以文章或短视频的方式发布在不同的自媒体平台上，吸引平台用户的关注。

2. 在直播间讲故事

主播可以在直播间讲故事，并加入自己的观点，通过引起用户的情感共鸣，渲染自己在生活态度方面的人设。

基于此，主播可以在直播过程中讲以下四种类型的故事。

（1）正能量的故事。当今时代，正能量的故事往往更有传播价值，而且能够提升主播和直播团队的形象。亲情、友谊、爱情、善心、励志、诚信、互助、忠诚、踏实等都是能够打动人心的正能量主题。

（2）生活化的故事。生活化的故事，即"接地气"的故事，这样的故事能够让用户觉得真实，也更能打动人。生活化的故事的核心是"真实"，主播可以对故事的细节进行适当的调整，但故事的主要内容必须是真实的。

（3）有个性的故事。有个性，即有主见、不盲从。有个性的故事，往往能引人深思，引发讨论。主播讲的有个性的故事，可以是"有个性的人"做的平凡事，也可以是平凡人做的"有个性的事"。

（4）有情怀的故事。有情怀的故事，讲述的多是执着于追求自己认为正确的事情，展示的是内心的满足，而不是功利的得失。有情怀的故事，自始至终都体现着对美好的期望，更容易打动人心，引发赞赏和追随。

3. 打造自媒体的传播矩阵

对主播人设的宣传，直播团队不必局限在直播间，可以利用与直播间相关联的微信公众号、微博、抖音、快手、社群等对主播进行人设的包装和造势。

例如，淘宝平台某主播，为了扩大知名度，还在微博、抖音、快手、视频号等平台上发布相关短视频作品。这些短视频有的是直播间花絮，有的是日常工作或生活的场景，还有的是励志故事，吸引了很多用户关注。再者，因为该主播经常邀请当红演员去其直播间，该主播的名字也经常成为热搜关键词，这就令很多没有观看淘宝直播习惯的用户，也能频繁地在各个平台看到该主播的名字，对其产生好奇而到其直播间观看直播。

可见，要想大幅度提高直播间人气，就需要为主播在各个平台打造一个系统化的传播矩阵，定期输出符合主播人设的内容，提高主播的全网曝光度，为主播的直播间积累流量。

课堂讨论

在不同的自媒体平台上，搜一搜你知道的知名主播，说一说其直播团队是如何渲染主播人设的。

5.3 虚拟主播

近年来，随着人工智能等技术的发展，虚拟主播作为新兴主播，逐渐步入直播间，甚至成功"带货"。虚拟主播的到来，会对真人主播及直播营销产生什么样的影响呢？本节将介绍虚拟主播的相关知识，并通过典型案例分析，助力读者了解虚拟主播直播营销的运作机制和市场前景。

5.3.1 虚拟主播的特点

如今，从各大媒体的新闻播报到各大直播平台的娱乐直播，虚拟主播的身影已经无处不在。图 5-1 所示为《人民日报》在其公众号中对"刚入职"的虚拟主播任小融进行介绍。

虚拟主播指的是通过虚拟形象进行直播的主播，其兴起是技术进步和直播发展的共同结果。虚拟主播的诞生，有赖于多种技术的支持，如 3D 建模技术、动画技术、语音合成和语音识别技术、人工智能和机器学习技术等。同时，直播的快速发展，吸引了越来越多的关注。一些创新型公司和个人开始尝试使用虚拟主播进行直播，他们发现，使用虚拟主播不仅可以节省人力成本，还能为用户提供全新的观看体验，继而吸引更多用户。由此，虚拟主播开始活跃在各种直播间，也促成了新的直播形式的产生。

虚拟主播有许多独特之处，其特点令其在直播市场中颇具竞争力，具体如下。

图 5-1 《人民日报》虚拟主播任小融

1. 风格多样，可塑性强

虚拟主播可以设计成各类风格，满足不同需求。虚拟主播可以高度模仿真人形象，也可以是卡通形象；可以设计为温婉睿智的知性主播，可以设计为热情开朗的"话痨"主播，也可以设置为天真烂漫的卡通人物主播……这使得虚拟主播拥有无限的可能性，能满足用户的多样化需求。

2. 高效稳定

虚拟主播不需要休息，可以提供长时间、高效的直播服务。同时，虚拟主播的表现始终稳定，不会受情绪或身体状况的影响。在一些重要媒体中，虚拟主播实现了"采、编、播"一体，出色完成了全天候新闻播报任务。

3. 拥有多重技艺和海量知识

通过知识库和实时爬虫等，虚拟主播可掌握海量知识，接受用户各类问询并为用户答疑解惑，与用户实现智能对话。在不同的细分领域，虚拟主播可发挥不同的技能优势。例如，在新闻播报方面，虚拟主播可进行多语种直播，轻松突破语言障碍；在娱乐表演方面，虚拟主播可呈现多种高质量精彩表演；等等。

总而言之，虚拟主播为直播用户带来了全新的观看体验，可以进行长时间的直播，且表现始终稳定，提高了直播效率。

然而，虚拟主播也有缺点。首先，虚拟主播缺乏真人主播的灵活机智，面对临时性问题时可能难以应对；其次，虚拟主播缺少人类情感，其能传递给用户的"温度"是有限的，也可能是预先设置、模式化的；再次，虚拟主播需要大量的技术支持，创建和维护成本较高；最后，当前相关技术还未完全成熟，虚拟主播有时可能无法理解复杂的用户需求，也可能发生技术故障，影响用户观看直播的体验。

随着技术的发展，上述问题有望得到进一步解决。我们有理由相信，未来虚拟主播将在直播营销中发挥越来越重要的作用。虚拟主播潜力无限，值得我们期待。

> **课堂讨论**
>
> 你观看过虚拟主播的直播吗？你的体验和感受如何？

5.3.2 虚拟主播类型

虚拟主播可塑性强，有着不同的类型，适合不同类型的直播营销活动。

从形象特点来分，目前虚拟主播主要有二次元主播、3D 卡通主播、3D 高写实主播及真人形象主播这四类；从形象塑造角度区分，则有真人驱动虚拟主播和人工智能驱动虚拟主播两类；从营销角度而言，根据虚拟主播所服务领域的不同，则可将其划分为虚拟娱乐主播、虚拟导购主播、虚拟新闻主播等。

1. 虚拟娱乐主播

虚拟娱乐主播多为真人驱动，通常由两部分构成：虚拟形象，行业术语为"皮套"；以及形象的扮演者，行业术语为"中之人"。

虚拟娱乐主播的虚拟形象被称为"皮套"，因其对外展示的不是真人，而是虚拟形象。

"中之人"源自日语，意为"背后的人"，这里是指在幕后操作虚拟娱乐主播演出的人。虚拟娱乐主播直播时，"中之人"通常佩戴穿戴式动作捕捉设备和脸部捕捉设备，其动作和表情经过技术渲染后，就能将真人演出转化为虚拟主播的演出。

当前，比较受用户欢迎的虚拟娱乐主播，如"爱夏"，她唱跳俱佳，喜欢秀特效，性格开朗活泼；再如有着华丽外表和搞笑性格的"金桔 2049"，也深受用户喜爱，打赏收入较为可观。部分虚拟娱乐主播也会模仿真人"组团出道"，如虚拟女团"A-SOUI"等。在这些虚拟娱乐主播的直播间收入构成中，打赏收入占据了绝大部分。

2. 虚拟导购主播

2020 年，虚拟歌手洛天依进入淘宝直播间跨界"带货"，引发百万人观看和打赏互动。随后，越来越多的直播间开始出现虚拟导购主播。

2021 年，快手技术团队打造的虚拟主播"关小芳"在快手进行了直播首秀。直播中，她扮演福利官，与不同主播"连麦 PK"，每赢一次，就为直播间用户送出福利，最终其直播首秀观看人数达百万。图 5-2 所示为虚拟主播"关小芳"与真人主播"关芳"。

图 5-2　虚拟主播"关小芳"与真人主播"关芳"

"言犀"则是京东云推出的系列数字人，这些数字人表情丰富自然，掌握了大量电商知识，在直播间应答自如。她们不仅懂得与直播间用户花样互动，还能自行迭代知识库。虚拟导购主播的直播间收入构成中，以"带货"收入为主。部分品牌采用这类主播后转化率显著提升。

3. 虚拟新闻主播

2019 年央视网络春晚，主持人撒贝宁携虚拟主播"小小撒"亮相舞台，惊艳众多网友；2019 年，虚拟主播"新小萌"在新华社"上岗"，参与报道"两会"等重要事项；2022 年，一位着正装、长发披肩的虚拟主播入驻"北京朝阳"客户端，为用户播报朝阳动态，其一举一动都类似真人主播。当前，虚拟新闻主播越来越多地活跃于直播间或新闻、综艺节目中。

课堂讨论

你愿意为虚拟主播付费吗？如果你愿意，吸引你付费的原因是什么？如果你不愿意，又是什么让你犹豫呢？

5.3.3　虚拟主播现状与发展趋势

虚拟主播是近年兴起的直播营销新工具，本小节将从多个维度探讨虚拟主播现状与发展趋势，客观介绍其商业价值和发展前景。

1. 市场现状

艾媒咨询《2023 年中国虚拟主播行业研究报告》显示，2022 年中国虚拟人带动产业市场规模和核心市场规模分别为 1866.1 亿元和 120.8 亿元，预计 2025 年分别达到 6402.7 亿元和 480.6 亿元。该报告还指出，虚拟主播行业存在较大商业空间，其中包括销售衍生品"周边"、品牌代言、作品打赏、直播"带货"等。

当前，虚拟主播直播间的盈利模式主要有用户消费、用户打赏、付费直播等形式。

2. 用户画像

艾媒咨询《2023 年中国虚拟主播行业研究报告》显示，虚拟主播用户画像如下。

性别方面，女性用户占比达 61.4%，男性则仅为 38.6%；年龄方面，22～30 岁用户占比为 39%，31～40 岁用户占比为 50.2%；城市分布方面，以新一线及一、二线城市用户居多；收入在 5000～10 000 元群体居多。整体而言，虚拟主播用户主要为年龄在 22～40 岁、中高等收入的女性。

根据该报告披露的受访者调查，50.8% 的用户被虚拟主播的声音、外表吸引，51.7% 的用户被虚拟主播的业务能力吸引，47.8% 的用户被虚拟主播的角色设定（即人设）吸引。此外，宣传热度、IP 衍生、朋友影响也是虚拟主播受用户喜欢的重要原因。

3. 当前困境

真人驱动的虚拟主播，常常面临的问题有：为长时间与用户维持互动，由真人轮值，但不同"中之人"风格与虚拟主播的人设有出入，可能引发用户不满；真人表现与最初的人设不符，引发"人设崩塌"；"中之人"因故解约，造成虚拟主播被迫"休眠"；"中之人"被好奇的"粉丝"窥探隐私引发的个人隐私、商业隐私暴露等问题。

人工智能驱动的虚拟主播被以淘宝、京东为代表的多个货架电商平台认可，以抖音为代表的兴趣电商平台对虚拟主播有一定的限制。例如，2023 年 5 月，抖音发布《抖音关于虚拟主播的平台公约暨倡议》接纳了虚拟主播，要求用户"使用'虚拟主播'形象开播前，需向平台主动报备"，但明确规定"虚拟主播开播需真人驱动并进行身份核验"。

4. 未来趋势

随着技术的进步，虚拟主播还将不断发展，其未来趋势主要集中在以下五个方面。

一是虚拟主播的艺人化。虚拟主播既不乏才艺，也拥有流量和粉丝，未来虚拟主播不仅在直播领域，还可能进一步"破圈"，甚至可能举办演唱会、在影视剧中出演角色等。

二是虚拟主播的 IP 化。随着虚拟主播的流行，其形象、声音等会逐渐被作为品牌的一部分进行商业化运作。例如，一些虚拟主播已经开始出现在广告中，甚至成为知名品牌的代言人，印有相关主播形象的"周边"商品也颇受粉丝欢迎。这种趋势将使虚拟主播成为一种重要的商业资源，给企业带来巨大的商业价值。

三是支持个性化定制。随着技术的发展，虚拟主播的创建和操作门槛将逐渐降低，越来越多的用户可根据自己的需求定制虚拟主播。这种趋势将使虚拟主播市场更加多元化。

　　四是更便捷的智能交互。依靠更先进的语音识别、自然语言处理及人工智能技术等，虚拟主播对用户的理解会更深入，回答将更智能化。比如，虚拟主播或许可根据直播间用户的即时反馈调整自己的表演细节等。

　　五是降低产制成本。通过标准化、模块化等，虚拟主播的技术门槛将进一步降低，应用更加普及。

　　可以预见，虚拟主播会打破现实的局限，以数字化形态探索和呈现"人"的无限可能，用户也将体验到全新的直播间场景与沟通交互方式。

课堂讨论

　　你觉得未来虚拟主播会完全取代真人主播吗？原因是什么？

思考与练习

1　为什么说有正向价值观的主播更容易获得用户的支持？

2　人气主播具备哪些特点？

3　主播的人设有几种？分别适合推荐哪些商品？

4　策划主播人设时，可以为人设添加哪些独特元素？

5　为了引起用户的情感共鸣，主播可以在直播间讲哪些故事？

PART 06

第 6 章
直播营销的策划与筹备

知识目标

➢ 了解直播营销的工作流程。

➢ 了解直播的整体策划方法。

➢ 了解直播场地的选择与布置方法。

➢ 了解直播间需要配置的设备。

素养目标

➢ 遵守国家法律法规，加强行业自律，倡导文明健康的网络传播。

➢ 贯彻新发展理念，服务国家战略，满足人民美好生活需要。

➢ 运用新技术手段改进策划流程，建立科学合理的直播营销筹备机制。

　　做好前期的策划与筹备，是保障直播活动顺利开展的关键。本章将详细介绍直播营销的工作流程、方案策划与执行、脚本设计、场地布置、设备调试等内容，从而帮助读者全方位掌握直播营销的策划与筹备工作。

6.1 直播营销的工作流程

一场以营销为目的的直播活动，并不是几个人对着镜头说说话而已，其背后有着明确的工作流程。直播营销的工作流程主要包括五个环节，如图6-1所示。

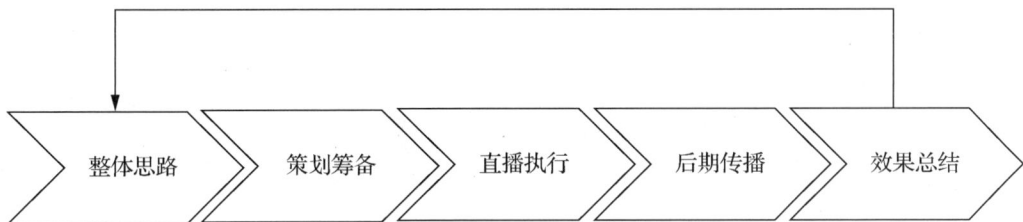

图 6-1 直播营销的工作流程

直播团队需要对每个环节进行安排，确保每一场直播营销活动的完整性和有效性。

1. 整体思路

直播营销的第一个工作环节是确定整体思路。在策划直播方案之前，直播团队需要先厘清直播营销的整体思路，然后有目的、有针对性地策划与执行。

直播营销的整体思路设计，包括三个部分，即目的分析、方式选择和策略组合。

（1）目的分析

有的直播营销活动更注重直播的"带货"量，有的则在于提升合作品牌的影响力。营销目的不同，适合的直播营销策略也有所差异。因此，在确定整体思路阶段，直播团队需要明确一场直播的营销目的，并对目的进行分析。

（2）方式选择

在确定直播的营销目的后，直播团队需要根据用户群体的关注偏好、消费偏好，在名人营销、稀有营销、利他营销、对比营销等方式中，选择一种或多种进行组合。其中，名人营销，即邀请名人作为直播间的嘉宾，通过聚集名人的粉丝，快速提升直播间的流量和讨论热度；稀有营销适用于拥有独家信息渠道的直播间，包括独家冠名、知识版权、专利授权、唯一销售方等，可以直接提升直播间人气，快速提升主播和直播间的曝光度；利他营销，即借助主播或嘉宾的分享，向用户免费传授关于商品的使用技巧、分享生活知识等，从而提升用户对主播和直播间的好感度和黏性；对比营销，即通过与竞品或自身上一代商品的对比，直观地展示差异，增强商品说服力。

（3）策略组合

确定营销方式后，直播团队需要对场景、商品、创意等模块进行组合，设计出最优的直播策略。

2. 策划筹备

直播营销的第二个工作环节是策划筹备。有序的直播营销需要做到"兵马未动，粮草先行"。具体准备如下。

（1）将直播营销方案撰写完善。

（2）在直播开始前，对直播过程中用到的软件和硬件进行测试，并尽可能降低失误率，防止因为筹备疏忽而引起不良的直播效果。

（3）为了确保直播开播时的人气，直播团队还需要进行预热宣传，鼓励用户提前进入直播间。

3. 直播执行

直播营销的第三个环节是直播执行。直播执行，即直播开播。为了达到设定好的直播营销目的，主播、助理及其他成员需要尽可能按照直播营销方案，将直播开场、直播推荐过程、直播收尾三个环节顺畅地推进，并确保直播的顺利完成。

为了确保直播过程顺利，直播团队需要在开播之前检查很多准备工作。表 6-1 所示为开播前的准备工作检查表。

表 6-1　开播前的准备工作检查表

序号	检查项	检查要点	检查人	检查结果
1	道具	• 道具是否已经备足 • 道具是否已经摆放整齐		
2	样品	• 样品是否已经按照推荐顺序摆放整齐 • 样品是否已经标注推荐序号		
3	直播间布置	• 直播间是否已经布置完成		
4	硬件	• 直播间的拍摄设备是否调试完成		
5	软件	• 直播平台的直播信息是否已经设置完成 • 直播软件是否已经测试完毕		
6	商品了解度	• 主播及助理是否已熟记本场直播的商品名称 • 主播及助理是否已了解每一款商品的核心卖点		
7	商品脚本	• 每一款商品的完整介绍脚本是否已经编写、审核完成 • 完整脚本是否打印成纸质文件		
8	商品价格	• 每一款商品是否已经与主流电商平台上的同款商品比较过价格 • 每一款商品是否已经明确标注优惠幅度		
9	话术	• 各个环节的话术是否已经按照主播和助理的直播风格进行调整		
10	抽奖环节	• 抽奖环节是否已经经过测试 • 操作程序是否体现公平、公正、公开 • 抽奖环节是否能够引导用户关注直播间和转发分享		

对于表 6-1 中的检查项和检查要点，直播团队可以根据自身的直播经验进行增删或其他调整，将容易忽略、容易出错的项目清楚地罗列在检查表中，从而制定适合自己

的检查表。在开播前，直播团队需要对照检查表逐项检查，以让直播过程更可控，让后续的直播优化更有针对性。

4. 后期传播

直播营销的第四个环节是后期传播。直播结束并不意味着营销结束，直播团队需要将直播涉及的图片、文字、视频等，在抖音、快手、微信公众号、微博、今日头条等关联自媒体平台继续传播，让其触及未观看直播的用户，让直播效果最优化。

目前，直播结束后，常见的传播形式如表 6-2 所示。

表 6-2 常见的传播形式

传播形式	传播内容制作方法	可发布的平台	作用
直播视频	录制直播，制作完整的直播回放视频	点淘（淘宝直播）	方便错过直播的用户观看
	录制直播，截取有趣画面并将其制作成短视频	抖音、快手、哔哩哔哩、微博等	提升主播影响力，打造主播的"有趣"人设
	录制直播，截取讲解专业知识的画面制作短视频	抖音、快手、哔哩哔哩、微博等	提升主播影响力，打造主播的"专业"人设
直播软文	编写行业资讯类软文，并在软文中插入直播画面或直播视频片段	微信公众号、微博、今日头条	打造主播的"专业"人设，吸引更多的行业人士关注主播、回看直播视频
	分享主播经历，记录直播感受和收获	微信公众号、微博、今日头条	拉近主播与用户的心理距离，吸引用户关注主播
	从用户角度出发，分享直播购物体验	微信公众号、微博、今日头条	提升用户对主播和直播间的信任度
	写直播幕后故事，分享直播心得和直播经验	微信公众号、微博、今日头条	提升主播和直播间的影响力

5. 效果总结

直播营销的第五个环节是效果总结。直播后期传播完成后，直播团队需要进行复盘：一方面需要进行直播数据统计，并与直播前的营销目的进行对比，判断直播营销效果；另一方面需要进行讨论，总结本场直播的经验与教训，做好团队经验备份。

每一次直播结束后的总结与复盘，都可以作为直播团队的整体经验，为下一次直播提供优化依据或策划参考。

需要强调的是，直播营销的第四个环节"后期传播"与第五个环节"效果总结"虽然都是在直播结束后才进行的，但是直播团队需要在直播开始前就做好这两个方面的准备。

第一，提前设计数据收集路径。如直播店铺流量来源设置、店铺分销链接生成、微信公众号后台问卷设置等。

第二，提前安排统计人员。不少直播平台后台的数据分析功能不够细化，因此一部分数据（如不同时间段的人气情况、不同环节的互动情况等）需要人工统计，以便直播团队进行后续分析。

6.2 直播方案的策划与执行规划

在直播活动开始之前，直播团队需要撰写完整的直播方案及执行规划方案，以准确传达直播运营和营销的思路，确保直播营销活动能够顺畅进行。

6.2.1 直播方案的策划要点

直播团队策划直播方案的目的是将抽象的思路转换成明确传达的文字，以使所有参与人员尤其是直播相关项目的负责人，既了解整体思路，又明确落地方法及步骤。

由于直播方案一般用于直播团队的内部沟通，目的是用精练的语言让直播的所有参与人员熟悉活动流程及分工，因此直播团队没必要在时代背景、营销理念、实施意义等宏观层面花过多的笔墨，正文应简明扼要、直达主题。

完整的直播方案正文，需要包括直播目标、直播思路简述、直播间的人员分工、直播的时间节点、直播活动的预算五大要素。

1. 直播目标

直播方案正文首先需要传达直播目标。根据 SMART 原则，直播目标需要满足具体、可衡量、可实现、相关性、有时限五个要素。

- 具体（Specific），指直播目标应该是可量化的。例如"通过直播营销提升品牌知名度"就不是具体的目标，而"借助直播为品牌的私域社群引流 100 人"就是具体的目标。

- 可衡量（Measurable），指目标是数量化或行为化的。例如，"利用直播实现销售额猛增"就不是可衡量的目标，而"利用 3 小时的直播，推荐 10 款商品，实现 10 万元销售额"就是可衡量的目标。

- 可实现（Attainable），指目标在付出努力的情况下是可以实现的，直播团队应避免设立过高或过低的目标。例如，上一次直播有 3 万人观看，这次将目标设定为"100 万人观看"就是不现实的，而这次将目标设定为"5 万人观看"或"7 万人观看"是可实现的。

- 相关性（Relevant），指目标与直播团队的其他目标具有相关性。例如，有的直播团队中有工作人员负责微信公众号运营、社群运营等，那么，"微信公众号'粉丝'增加 1000 人""为社群引流 100 人"等直播目标与运营目标是有相关性的。

- 有时限（Time-bound），指目标的完成有特定期限。直播结束后，传播与发酵的时间通常不超过一周，其中 80% 左右的商品销量来自直播当天。因此，"借助直播实现新品销售 5 万件"是没有时限的目标，而"直播结束 48 小时内实现新品销售 5 万件"是有时限的目标。

直播策划方案中,直播团队需要根据 SMART 原则将直播营销的目标准确地提炼出来，这样才能达到较好的直播效果。

2. 直播思路简述

直播方案正文需要对直播的整体思路进行简要描述，包括直播目标、直播平台、直播时间、直播主题、直播亮点等。

其中，直播主题是直播方案的中心。整场直播的设计都需要围绕直播主题进行。

直播主题的策划有三个角度，即根据用户需求来策划、根据时节来策划，以及根据电商活动来策划。三个角度的策划依据和策划要点如表 6-3 所示。

表 6-3　三个角度的策划依据和策划要点

策划角度	策划依据	策划要点	举例说明
用户需求	用户的标签及消费需求	突出用户群的需求热点	提升幸福感的办公室"神器"3 折购
时节	用户在不同时节的消费需求	突出时节的消费亮点	夏季短袖全场半价
电商活动	用户在电商活动期间的消费心理	突出促销力度	"6·18"预售，6.18 元开卖

3. 直播间的人员分工

关于直播间的人员分工，直播团队在直播方案中需要做两个说明：小组分工说明和直播流程中的具体分工说明。

（1）小组分工说明

为了确保直播活动顺利开展，直播团队需要先将与直播相关的工作内容进行分组。例如，直播团队在直播前，为了宣传直播间和预告直播信息，需要设置宣传组；为了确保直播录制所需的桌、椅、水杯、文具、装饰品等各种道具准备妥当，需要设置道具组；为了在直播时快速为主播传递样品，需要提前核对样品，将样品摆放整齐并标记清楚，需要设置商品组等。

一般情况下，一场以营销为目的的直播，需要配置宣传组、道具组、摄制组、主播组、商品组等。为了提升方案的可执行度，每个小组都需要设定一个负责人和几名执行成员，并在方案正文中简单描述小组的工作内容，如表 6-4 所示。

表6-4 小组分工说明表

小组	负责人	成员	小组工作内容
宣传组	运营	运营团队成员	负责微信公众号、微博、抖音、快手、淘宝直播等平台的直播预告和直播后的图文、视频宣传
道具组	编导	助理、场控、客服	负责准备直播间的道具及直播后的道具整理
摄制组	编导	拍摄人员、视频剪辑人员	负责准备直播间的拍摄器材、直播过程的拍摄及直播后的视频剪辑
主播组	编导	主播、助理	负责直播间的主持、商品介绍等，并整理本场直播的商品清单
商品组	编导	助理、场控、客服	负责直播间的样品准备和传递、商品相关问题的回复、直播后的样品整理等，以及整理本场直播需要准备的样品清单

（2）直播流程中的具体分工说明

为了明确直播过程中每个细节的负责人及工作要点，直播团队还需要按照直播流程，对各个工作环节的负责人及其工作内容予以说明。直播开播过程中的具体分工，如表6-5所示。

表6-5 直播开播过程中的具体分工

序号	时间	环节	直播内容	预计耗时	负责人	跟进内容
1	17：30—18：00	引流	预热短视频	30分钟	运营	引流短视频投放、投放时间、引流效果等
2	18：00—18：10	开场预热	暖场互动	10分钟	主播、助理	开始时间、结束时间、暖场话术、用户反应等
3	18：10—18：30	活动预告	预告商品及优惠力度	20分钟	主播、助理	开始时间、结束时间、用户反应等
4	18：30—20：45	商品介绍	介绍商品，引导成交	135分钟	主播、助理	商品推荐时间、推荐话术、在线人数、用户评论、商品点击次数、成交金额等
5	20：45—21：00	下期预告	下期预告	15分钟	主播、助理	预告话术、用户反应

4. 直播的时间节点

直播方案中需要明确体现的时间节点有两部分：直播的整体时间节点和直播中各个环节的时间节点。

第一部分是直播的整体时间节点，包括前期准备、直播现场、直播进行时、直播结束后四个环节的时间节点，如表6-6所示。直播团队确定直播的整体时间节点可以便于所有参与者对直播的工作有一个整体的印象。

表6-6 直播的整体时间节点

直播环节	关键环节	时间要求
前期准备	预约直播时间，确认主题、商品内容及直播流程	提前5~7天
	制作直播宣传海报、预热短视频	提前3~5天
	直播活动前期宣传推广，积累用户	提前3天
	准备直播道具、样品	提前1~3天
	准备及检查拍摄器材	提前1~3天
	确定直播人员	提前1~7天

续表

直播环节	关键环节	时间要求
直播现场	直播工作人员到达直播现场	提前 0.5~1 小时
	布置场地，调整灯光，确认最佳拍摄效果	提前 3~6 小时
	检查网速，除主播外，在场其他人员都禁止使用指定 Wi-Fi，改为使用移动数据流量	提前 1~2 小时
	直播现场人员分工及就位	提前 0.5 小时
直播进行时	各司其职，需要注意直播现场的状况，及时回答用户问题	2~4 小时（依实际情况而定）
直播结束后	清点整理道具、样品及直播间设备	直播后 2 小时内
	提取后台相关数据，以便分析及宣传	直播后 2 小时内
	直播复盘	直播后 4 小时内
	剪辑精彩直播视频，在自媒体平台上传视频	直播后 24 小时内
	直播后进行图文宣传及视频宣传	直播后 24 小时内

第二部分是直播中各个环节的时间节点，即直播团队需要明确主要环节及每个环节的开始时间和截止时间（见表 6-7），防止由于某个环节延误而导致直播的整体延误。

表 6-7 直播中各个环节的时间节点

序号	时间	环节	环节说明
1	18：00—18：30	暖场	主播做自我介绍、直播背景介绍，以及整场直播的商品、福利介绍，告知用户直播主题
2	18：30—19：00	引流商品介绍	主播做详细的商品介绍，可以在白板上写出商品的优惠价、折扣、数量等
3	19：00—20：00	重点商品介绍	主播介绍本场直播重点推荐的商品，主播可通过前 3 个用户下单可获得小礼品、购买即可参与抽奖等方式促使用户下单
4	20：00—20：30	普通商品介绍	主播做详细的商品介绍，可以在白板上写出商品的优惠价、折扣、数量等
5	20：30—20：45	直播结束	主播告知用户直播即将结束，并强调直播间风格和自我风格；引导用户关注主播、加入"粉丝"群等；最后预告下次直播的时间、内容、福利
6	20：45—21：00	清场	整理直播间道具、样品
7	21：00—22：00	复盘	总结此次直播遇到的问题，讨论并确定优化方法

5. 直播活动的预算

每一场直播活动都会涉及预算，整体预算情况、各环节的预算情况，都需要直播团队在直播方案中进行简要描述。

一般情况下，一场直播活动可能需要以下四个方面的费用投入。

• 基础投入：手机、计算机、摄像机、话筒等直播硬件费用，直播间装饰费用，直播团队的薪酬，直播场地的租赁费用，直播平台店铺的开店费用等。

• 现场福利活动：现场福利以发放红包、优惠券、实物礼品为主，如关注领红包，抽奖得红包、优惠券、实物礼品等。

• 前期宣传活动：各个宣传渠道的引流费用、宣传物料的制作费用等。

- 后期宣传活动：各个渠道的维护费用、推广费用，以及宣传物料制作费用等。

当某个项目组可能出现预算超支的情况时，需要提前告知相关负责人，便于整体协调。

课堂讨论

观看一场知名主播的"带货"直播，看一看直播中各个环节的开始时间和结束时间。

6.2.2 直播方案执行规划

一个好的想法并不足以支撑方案的具体落地，为保证方案落地并与最终直播目标契合，直播团队需要把好的想法系统化，以一个可视化、可监督、可跟进的形式展示出来，这就是直播方案执行规划。

直播方案执行规划是直播方案在执行层面的进一步细化，以明确每个阶段的具体工作、完成时间、负责人等。

直播方案执行规划的呈现方式是工作跟进表，如表 6-8 所示。撰写工作跟进表，有助于直播团队按照"一人一事跟进到底"的原则，跟进了解各项具体工作的执行过程。

表 6-8 工作跟进表

阶段	具体工作	责任人	计划时间	完成时间
前期准备	预约直播时间	运营		
	确定直播主题	编导、主播、运营等		
	确定直播间的商品组合	选品、运营等		
	确定直播流程	编导		
	进入多平台的宣传推广	运营		
	准备直播间道具、样品	编导		
	准备直播间拍摄器材	拍摄人员		
	确认直播间工作人员	编导		
直播现场	布置场地	助理、场控、编导		
	安装及调控拍摄器材	拍摄人员		
	检查网速	编导、场控		
	确认现场工作人员分工及就位	编导		
直播进行时	直播预热	主播和助理		
	引导用户关注	主播和助理		
	介绍商品	主播		
	上架及下架商品	助理		
	介绍福利活动	主播		
	引导用户参与福利活动	助理		
	为用户答疑	主播、助理、客服		

阶段	具体工作	责任人	计划时间	完成时间
直播结束后	整理道具、样品	助理、场控、客服		
	整理拍摄设备	拍摄人员		
	提取直播数据	运营		
	直播复盘	全体成员		
	剪辑直播视频	剪辑		
	制作相关图文	运营、设计		
	在自媒体平台进行宣传	运营		

工作跟进表的样式及内容并非完全固定，在不改变制作工作跟进表目的的基础上，直播团队可根据具体需求对表格进行调整，以满足跟进各项具体工作的需求。

例如，制定直播准备期的多平台宣传推广跟进表，就需要考虑发布平台、内容主题、发布形式、提交时间、负责人、审核人等内容，如表 6-9 所示。

表 6-9　直播准备期的多平台宣传推广跟进表

发布平台	内容主题	发布形式	提交时间	负责人	审核人
微博		图文	—	—	—
微信公众号		长文章	—	—	—
抖音		短视频	—	—	—
快手		短视频	—	—	—
视频号		短视频	—	—	—
朋友圈		九宫格图片	—	—	—
微信群		宣传图	—	—	—

课堂讨论

想一想，如果要制定一张直播预告跟进表，需要考虑哪些内容。

6.3　直播活动的脚本方案

直播活动的脚本方案，又称"直播脚本"，可以理解为直播内容的策划方案。直播团队通过结构化、规范化及流程化的说明，为主播在直播间的内容输出提供线索指引，以确保直播过程的顺利进行及直播内容的输出质量。

直播脚本可以分为整场脚本和单品脚本。接下来介绍这两种脚本的策划方法。

6.3.1　整场脚本策划

整场脚本策划，即直播团队策划并撰写直播过程中的每一个具体环节的关键内容。一个简洁的策划方法是，先规划时间，再整合工作内容，完成脚本策划。

规划时间，即根据直播的目的，确定直播过程中的各个环节及关键环节，并根据计划好的直播时间，为每个环节规划时间。

在此，以2小时直播推荐5个商品的直播计划为例，进行整场脚本策划说明。

1．计算每个商品的推荐时长

假如预热时长和互动时长等非推荐商品时长预计为40分钟，那么，这5个商品的总推荐时长是80分钟，平均每个商品的推荐时长是16分钟。将这个时间改为浮动时间，即可设计每个商品的推荐时长为10~20分钟。

2．设计每个商品的具体推荐时长

假如这5个商品包括1个特价包邮的引流款商品、1个高性价比的印象款商品、2个靠"走量"来获取盈利的利润款商品、1个数量较少的"宠粉"款商品（这样的商品配置，会在后续的选品内容中详细介绍）。那么，在这场直播中，印象款商品和利润款商品需要主播进行更多、更全面的介绍；引流款商品、"宠粉"款商品，由于价格低廉，主播可以安排较短的介绍时长。如此分析后，即可设计这5个商品的推荐时长，如表6-10所示。

表6-10　5个商品的推荐时长

商品总推荐时长	引流款商品推荐时长	印象款商品推荐时长	利润款商品推荐时长	"宠粉"款商品推荐时长
80分钟	10分钟	20分钟	40分钟	10分钟

3．设计非推荐环节的时长

一场直播中，除了推荐商品外，还有开场后的打招呼环节、暖场环节、活动剧透环节、福利抽奖环节、主播讲故事环节、下期预告环节等，主播可以按照剩余总时长对这些环节进行适当分配，如表6-11所示。

表6-11　其他环节的时间规划

非商品推荐总时间	打招呼时长	暖场时长	活动剧透时长	福利抽奖时长	主播讲故事时长	下期预告时长
40分钟	3分钟	7分钟	5分钟	10分钟	10分钟	5分钟

在实际操作中，由于直播时长通常在2小时以上，主播可以适当增加福利抽奖时长、讲故事时长，以增强用户对直播间的黏性。

4．各个环节的时间规划

经过以上分析，即可确定各个环节的时间规划，如表6-12所示。

表 6-12　各个环节的时间规划

环节	打招呼	暖场	活动剧透	福利抽奖	介绍引流款商品	介绍印象款商品
时间（开播）	第 0～3 分钟	第 3～10 分钟	第 10～15 分钟	第 15～20 分钟	第 20～30 分钟	第 30～50 分钟
环节	介绍利润款商品	主播讲故事	福利抽奖	介绍"宠粉"款商品	介绍利润款商品	下期预告
时间（开播）	第 50～70 分钟	第 70～80 分钟	第 80～85 分钟	第 85～95 分钟	第 95～115 分钟	第 115～120 分钟

5．整合主题和分工，策划整场脚本

根据直播过程中各个环节的时间规划，结合直播主题、直播目标及参与人员的工作内容，即可策划整场脚本，如表 6-13 所示。

表 6-13　直播活动的整场脚本

直播活动概述					
直播主题	可以从用户需求的角度设计直播主题，如"新年狂欢福利专场""幸福感好物专场"				
直播目标	流量目标为吸引×万名用户观看；销售目标为推荐 5 款商品，销售量突破××件				
主播人员	主播为×××；助理为×××；客服为×××				
直播时间	××××年××月××日 18：00—20：00				
注意事项	1．合理把控商品推荐时长、与用户的互动时长； 2．实时关注用户问题，及时答疑				
直播活动流程					
时间段	环节	主播	助理	客服	备注
18：00—18：03	打招呼	主播进入直播状态，和用户打招呼，进行简单互动	助理进行简单自我介绍，引导用户点赞	向用户群推送开播通知	—
18：03—18：10	暖场互动	介绍抽奖规则，引导用户关注直播间	演示抽奖方式，回答用户问题，引导用户点赞	向用户群推送直播信息	—
18：10—18：15	预告活动	预告今日推荐的商品和优惠力度	补充主播遗漏内容，引导用户点赞	—	引流款、印象款、利润款、"宠粉"款商品名称，直播间抽奖奖品信息，直播间商品优惠活动信息
18：15—18：20	福利抽奖	介绍奖品和抽奖规则，引导用户参与抽奖	介绍参与抽奖的方法	收集获奖信息，引导用户点赞	—
18：20—18：30	商品 1 介绍	介绍引流款商品，展示使用方法，分享商品使用经验	配合演示商品用法，展示使用效果，引导用户下单	在直播间添加引流款商品链接，回答关于商品和订单的问题	引流款商品名称、市场价格、直播间价格
18：30—18：50	商品 2 介绍	介绍印象款商品，展示使用方法，分享商品使用经验	配合演示商品用法，展示使用效果，引导用户下单	在直播间添加印象款商品链接，回答关于商品和订单的问题	印象款商品名称、市场价格、直播间价格

续表

直播活动流程					
时间段	环节	主播	助理	客服	备注
18：50—19：10	商品3介绍	介绍利润款商品，展示使用方法，分享商品使用经验	配合演示商品用法，展示使用效果，引导用户下单	在直播间添加利润款商品链接，回答关于商品和订单的问题	利润款商品名称、市场价格、直播间价格
19：10—19：20	主播讲故事	主播讲述自己或团队的故事	配合主播讲故事	引导用户点赞，收集直播间用户反应	—
19：20—19：25	福利抽奖	介绍奖品和抽奖规则，引导用户参与抽奖	介绍参与抽奖的方法	收集获奖信息	奖品数量、名称、市场价格
19：25—19：35	商品4介绍	介绍直播间的"宠粉"活动，介绍"宠粉"款商品，介绍加入"粉丝"团的方法	引导用户加入粉丝团，展示商品的用法和效果，引导下单	在直播间添加"宠粉"款商品链接，回答关于商品和订单的问题	"宠粉"款商品名称、市场价格、直播间价格
19：35—19：55	商品5介绍	介绍利润款商品，展示使用方法，分享商品使用经验	配合演示商品用法，展示使用效果，引导用户下单	在直播间添加利润款商品链接，回答关于商品和订单的问题	利润款商品名称、市场价格、直播间价格
19：55—20：00	下期预告	预告下一场直播	引导用户关注直播间	回答关于商品和订单的问题	下次直播的时间、商品和福利

从表 6-13 中可以看出，整场脚本是对整场直播的内容规划，整场脚本的核心内容是直播间商品的介绍逻辑、用户互动的安排及直播节奏的把控。

为了把控直播节奏，在整场脚本方案完成后，主播可以按照既定的互动时间和商品特点设计具体的互动方案，如聊天主题和内容、才艺展示等。

> **课堂讨论**
>
> 观看一场知名主播的"带货"直播，看一看主播和助理是如何配合进行商品推荐的。

6.3.2 单品脚本策划

单品脚本是概括介绍单个商品的脚本，其内容包含商品的品牌介绍、商品的功能和用途、商品价格等。在一场时长为 2～6 小时的直播中，主播需要推荐多款商品。因此，单品脚本需要以表格的形式罗列多款商品的特点和利益点。

单品脚本的模板如表 6-14 所示。

表 6-14　单品脚本的模板

××月××日直播的单品脚本（共 5 款商品）									
序号	商品类别	商品图片	品牌信息	品牌介绍	商品卖点	使用场景	市场价	直播间商铺价格	优惠模式
1	引流款			品牌理念			标签价	9.9 元	9.9 元包邮
2	印象款			品牌理念			标签价	优惠后价格	3 件 3 折
3	利润款			品牌理念			标签价	优惠后价格	3 件 3 折
4	"宠粉"款			品牌理念			标签价	1 元	1 元促销活动
5	利润款			品牌理念			标签价	优惠后价格	1 件 8 折

在上述模板中，对于"品牌介绍"模块，主播可以从品牌商提供的品牌理念、品牌故事里挑选能够打动用户的内容，进行填写；而在"商品卖点"模块中，主播则可以根据以下三个要点罗列商品卖点。

- 商品外观，如颜色、形状、包装，以及给人的感觉等。
- 商品使用感觉，如食品的口感、数码商品的使用流畅感、服饰的穿戴场景和效果等。
- 商品的直接或间接背书，如名人使用、所获奖项、销售数据等。

无论是品牌介绍，还是商品卖点，主播都需要根据目标用户的偏好和习惯确定语言的表达方式。

课堂讨论

观看一场知名主播的"带货"直播，看一看主播在介绍商品时提到了哪些方面的信息。

6.4　直播场地的选择与布置

在直播方案撰写完成并传达到相关负责人后，即可进入直播场地的选择与布置阶段。

6.4.1　直播场地的选择

以营销为目的的直播场地，一般可以分为室内场地和室外场地。

直播团队可以在办公室、店铺、住所、会议厅等室内场地搭建直播间，主播在室内进行直播。主播也可以在公园、商场、广场、景区、农田等室外场地直接进行直播。

直播团队选择直播场地，有以下两个常用方法。

1. 根据商品场景选择直播场地

直播团队进行场地筛选时，要优先选择与商品相关的场景，以拉近与用户之间的距离，加深用户对直播间的印象。

与商品相关的场景，包括商品的生产场景、购买场景、使用场景等。例如，对于农产品来说，主播在原产地进行直播的效果，可能会比在室内场地进行直播的效果好；对于厨具、运动健身等商品品类，主播在直播时需要重点展示这些商品如何使用，因而，在这些商品的使用场景下进行直播，会更有说服力；对于美妆、图书等商品品类，主播在直播时更偏向展示其使用效果，将室内场地装饰为化妆间、书房，更容易树立主播的专业形象，更容易获得用户信任。

2. 根据现场人数和直播内容确定场地大小

直播团队可以根据团队人数确定场地大小。一般情况下，室内场地的大小为 8～40 平方米。如果是个人主播，那么可以选择 8～15 平方米的房间作为室内直播场地；如果是直播团队，那么可以选择 20～40 平方米的房间作为室内直播场地。而对于需要邀请很多嘉宾的大型直播活动，如粉丝见面会、新品发布会、年会直播等，直播团队可以选择面积较大的室内会议场所或室外封闭场地。

直播团队在选择直播场地时，除了需要考虑现场人数外，也需要考虑直播间的商品摆放空间。例如，对于美妆类商品直播，直播团队选择面积为 8 平方米左右的小房间即可；但如果是服饰类商品直播，即使只有一名主播，直播团队可能也需要选择 15 平方米以上的直播场地。

此外，在选择直播场地时，还有一些注意事项：选择室内场地时，直播团队要注意考察、测试场地的隔音和回音情况，因为隔音和回音会影响直播效果，如果隔音不好或回音太重，直播团队可能需要更换直播场地；而选择室外场地时，直播团队需要提前考虑当天的天气状况，一方面需要做好防范措施，另一方面需要选择一个室内场地作为备用场地，避免遭遇突发的极端天气而导致直播延期。

> **课堂讨论**
>
> 观看不同主播的"带货"直播，看一看各个直播间销售的是什么商品，选择的是什么直播场地。

6.4.2 直播场地的布置

直播场地的布置一般是指直播间的布置，直播间是一场直播传达视觉形象的重要载体。风格定位与用户需求、商品特点高度契合的直播间，更有助于提升用户对主播及直播间的好感度。

直播间的布置主要包括直播间的空间布局、直播间的背景装饰及直播间的光线布置三个要素。

1．直播间的空间布局

直播间的空间布局是直播团队按照直播画面的需要进行设定的。在空间的布局上，一般可以将直播间分为背景区、主播活动区（包含商品展示区）、硬件摆放区及其他工作人员活动区。其中，硬件摆放区包括提示区、摄像机摆放区及监视器摆放区。背景区和主播活动区需要出现在直播画面中，而其他工作人员活动区不会出现在直播画面中。图 6-2 所示为直播间布局规划图。

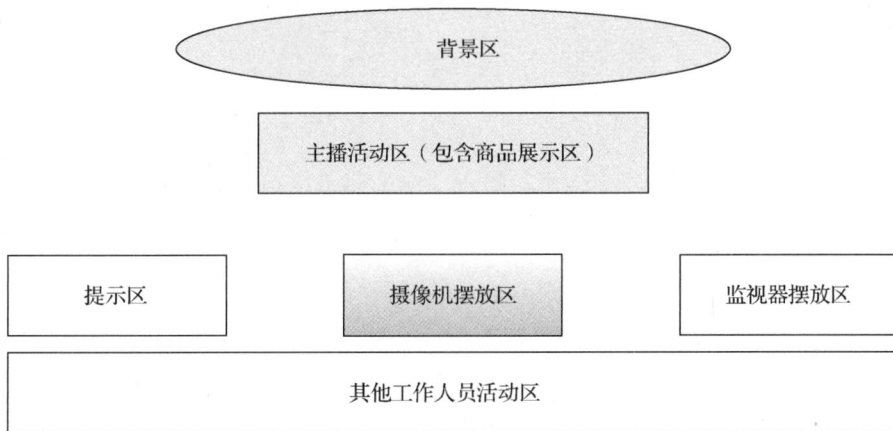

```
                    ┌────────────────────────────┐
                    │           背景区            │
                    └────────────────────────────┘

              ┌────────────────────────────────────┐
              │   主播活动区（包含商品展示区）      │
              └────────────────────────────────────┘

 ┌──────────────┐     ┌──────────────────┐     ┌──────────────┐
 │    提示区    │     │  摄像机摆放区    │     │ 监视器摆放区 │
 └──────────────┘     └──────────────────┘     └──────────────┘
 ┌─────────────────────────────────────────────────────────────┐
 │                    其他工作人员活动区                        │
 └─────────────────────────────────────────────────────────────┘
```

图 6-2　直播间布局规划图

此外，在主播活动区中，主播要站在合适的位置——既要出现在直播画面的主要位置，使主播的脸部在直播画面中能够被清晰地呈现；又不能距离摄像头太近，以免影响直播画面的层次感和立体感。

2．直播间的背景装饰

直播间的背景装饰需要符合直播的主题及主播的人设。在此基础上，直播团队可以从以下角度来装饰直播间的背景。

（1）背景颜色

如果主播的人设风格是有亲和力的，那么，直播团队可以使用暖色风格的背景墙或窗帘。如果主播的人设风格是成熟稳重的，则直播团队应尽量设置纯色的背景墙。

如果直播背景是窗帘，直播团队应尽量选择浅色系的纯色窗帘，以制造精简的效果，让画面的视觉效果更好。若使用深色或纹路繁杂的窗帘作为背景，可能会给用户带来视觉上的压迫感。

（2）装饰点缀

如果直播背景区比较大，为了避免直播间显得过于空旷，直播团队可以适当地添加一些小物品来丰富直播背景区。例如，放置室内小盆栽、毛绒玩具等。室内小盆栽可以让直播间看起来更有活力，毛绒玩具则有助于打造主播的可爱风格。

如果在节日期间进行直播，直播团队也可以适当地布置一些与节日相关的物品，或者为主播搭配符合节日主题的妆容和服装，以吸引用户的注意力，提升直播间人气。

（3）置物架

如果直播背景墙或窗帘样式不能体现直播主题，直播团队可以用置物架来调节。例如，在背景区摆放一个置物架，并在置物架上摆放一些能够体现主播人设的书籍、装饰品及相框等。

3. 直播间的光线布置

合适的光线能够提升主播的整体形象，从而起到提升商品展示效果的作用，为直播营销锦上添花。

一般情况下，直播间的光照布置，有以下四个技巧。

（1）布光以软光为主

光按其性质可分为两类，即硬光和软光。硬光的光线呈直射形态，方向性明显，能够制造出对比强烈的光影，可以形成明显的阴影。软光也叫柔光，光线通过一定的阻挡再散发出来，呈散射形态，照在物体上，没有明显的受光面和背光面，因而也没有明显的阴影。

相对来说，硬光很少用在人像摄影上，多用在需要展现人物强烈情绪的舞台剧中。而软光常给人细腻、柔和的感觉，直播团队在直播的过程中使用软光，有助于打造直播间温暖、明亮、清新的感觉。

（2）选择冷光源的 LED 灯为主灯

直播团队最好选择冷光源的 LED 灯作为直播间的主灯，冷光会让主播的皮肤看上去更加白皙。

（3）前置的补光灯和辅灯应选择可调节光源的灯

直播间前置的补光灯和辅灯应选择可调节光源的灯，且功率要大，这样在直播过程中，主播可以自主调节光源强度，将灯光效果调整到自己满意的状态。

使用反光板通常会达到意想不到的效果。一般情况下，直播团队在营造软光效果的时候会使用反光板，直播的过程中，直播团队可以用补光灯照射到正对着主播的墙上，造成一定的漫反射效果。

（4）选择合适的布光效果

直播间布光的效果分为暖光效果和冷光效果两种，在主播展示商品的过程中，暖光效果和冷光效果适用的商品有所不同。

暖光的光谱成分接近太阳光，利用暖光呈现出来的物体更为自然，能够给人一种亲切、温暖的感觉。如果直播团队要打造温馨的直播间，可以使用暖光。图 6-3 所示为直播间布置暖光的规划图。

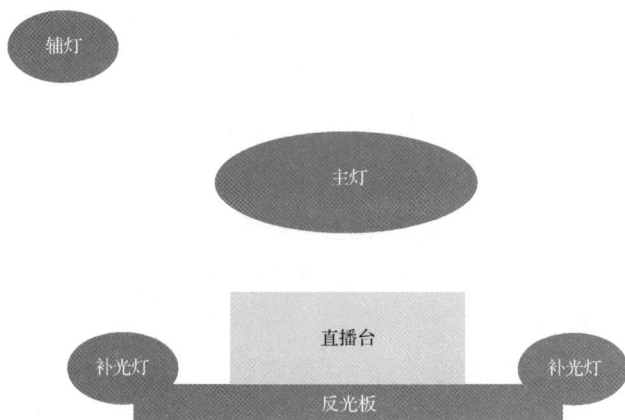

图 6-3　直播间布置暖光的规划图

通常情况下，冷光的色调以蓝色为主，给人一种冷静、理性的感觉。如果直播团队需要展示商品的科技感和现代感，可以使用冷光。图 6-4 所示为直播间布置冷光的规划图。

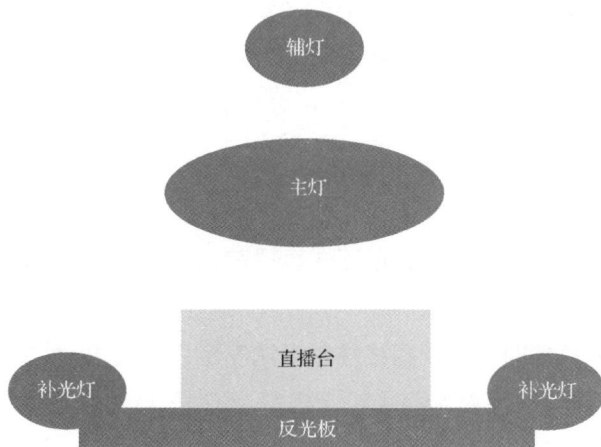

图 6-4　直播间布置冷光的规划图

总之，直播间的光线布置应该根据直播风格和商品的类型来确定，直播团队应利用光学知识打造直播美感。

课堂讨论

观看一场知名主播的"带货"直播，看一看其直播间的布置有什么特点。

6.5　直播硬件的配置和软件的调试

好的直播设备是确保直播画面清晰、直播内容稳定生成的前提。在直播筹备阶段，直播团队需要对手机、摄像头等设备，以及直播软件等进行反复调试，以达到最优状态。

6.5.1 直播硬件的配置

目前，直播的主流设备是手机。直播团队在手机上安装直播软件，通过手机摄像头即可进行直播。使用手机进行直播，需要准备至少两台手机，并且在两台手机上同时登录直播账号，以备不时之需。

不过，受手机电池电量、网络信号等因素的制约，直播团队使用手机进行直播时，还需要借助以下辅助设备进行优化。

1. 电源

直播团队利用手机进行移动直播，对手机电池续航能力有一定要求。在进行正式直播前，直播团队可以先进行直播测试，衡量某段时间的直播所消耗的手机电量。然后再根据直播间的情况，准备合适的电源。

便携的移动充电宝是使用手机直播时的必备电源，可以保障直播不因手机电量不足而中断。在条件允许的情况下，也可以准备插线板，在直播过程中对手机进行快速充电。

2. 无线网络

无线网络的速度直接影响直播画面质量及用户的观看体验。

直播团队在室内直播时，若室内有无线网络且连接设备较少，网络速度较快，可以选择使用室内的无线网络进行直播。在正式直播前，直播团队要对直播所用手机进行测试，以提前发现并解决网络问题。

直播团队在户外直播时，无线网络往往无法满足直播需求。此时，直播团队需要使用流量卡来满足网络需求。流量卡与手机卡相似，直播团队可以直接将其插入手机使用；或购买移动Wi-Fi，把流量卡插入移动Wi-Fi设备中，提供无线网络热点，用直播所用手机连接无线网络热点后，即可进行直播。

3. 支架

直播团队在直播的过程中，无论是使用摄像机还是手机，都需要对其摆放的位置和角度进行调整，并尽可能地减少直播画面的抖动，以达到优质的直播画面效果。这时，直播团队就需要使用支架。

直播支架包含固定机位直播支架和移动机位防抖直播支架两种。

（1）固定机位直播支架。固定机位直播支架包含单台手机支架和多台手机支架。使用单台手机直播时，可以使用三脚架、懒人手机支架等；使用多台手机直播时，可以使用多平台直播支架，多平台直播支架可支持5台以上手机同时直播。

（2）移动机位防抖直播支架。移动机位防抖直播支架包括手持手机稳定器和手机防抖云台。

随着直播行业的发展，直播团队在市场上可以购买到的支架，除了以上基本功能外，还具备很多其他功能，如补光、美颜等，可以满足直播团队不同的需求。

4. 补光灯

很多主播会使用手机的前置摄像头进行直播。在暗光环境下使用手机的前置摄像头进行直播，可能会影响直播画面效果。因此，主播可能会用到补光灯。

主播可以使用支持冷光和暖光两用类型的补光灯，同时打开冷光和暖光，避免因冷光造成的皮肤过白或因暖光造成的皮肤过黄的现象。

直播所用的补光灯非常小巧，方便携带使用；而自带电源的补光灯可以免电源驱动，使用更加便捷。不过，直播所用的补光灯并非专业设备，补光范围仅 1 米左右，直播团队在为大型的直播活动进行补光时，还需使用专业补光灯。

5. 收音设备

即便是在安静的环境下，主播距离手机越远，手机的收音效果也会越差；如果是在嘈杂的环境下，主播距离手机 1 米以上就需要借助外接收音设备辅助收音。

收音设备主要分为两种：一种是蓝牙耳机，主播可以使用蓝牙耳机进行辅助收音；另一种是带线耳机，适合主播对多人进行采访时使用。

6. 提词器

直播活动的即时性，要求主播在直播过程中不能出现任何差错。而一场直播内容较多，主播需要讲述的内容也很多，不提前准备提词内容很可能会在直播中遗漏关键信息。这时主播需要使用提词器。

提词器的工作原理是通过一个高亮度的显示器来显示文稿内容，并将显示器上的内容反射到摄像机镜头前一块呈 45° 的专用镀膜玻璃上，从而让主播在看提词器的同时，也能面对摄像头。

直播中使用的提词器，目前包括专业提词器和便携式提词器两种。专业提词器自带镜像显示器，除了满足一般的直播需求外，还适用于微课和慕课的录制、教学型直播、知识分享式直播等场景，适合预算充足的直播团队。便携式提词器不带镜像显示器，但直播团队可以用自备的大屏幕手机或平板电脑作为镜像显示器，适合预算有限的直播团队。

一般情况下，提词器中显示的内容是主播在直播中需要讲述的内容，包括商品名称、商品构成成分、用户人群、优惠活动、抽奖规则等，也包括特别准备的话术。

而在直播过程中，直播团队的其他成员可能还需要为主播临时传达某些信息。此时，就需要另外一种提词工具——手写板。手写板的尺寸不宜过大，不应出现在直播画面中，其用途为：在直播过程中，当直播团队的其他成员需要与主播进行场外沟通而又不方便出现在直播画面中时，可以通过手写板向主播传达信息。

7. 相机

直播结束后，直播团队开展后期宣传需要高清大图，因此需要使用专业相机进行拍照。使用专业相机可以对现场进行视频录制，从而为后期宣传提供资料。

一般情况下，推荐使用单反相机。直播团队若需要录制视频并进行后期剪辑，则至少需要两台单反相机，一台用于固定机位全程录制，另一台用于移动机位随机录制和拍照。

> **课堂讨论**
>
> 随着新技术的发展和应用，直播的硬件设备也在更新迭代。想一想，若想要进一步提升直播效果，可以再增加哪些新设备。

6.5.2 直播软件的调试

直播团队还需要对直播平台、直播 App 等进行初步设置及反复测试，以免由于操作不熟练或软件自身问题而在直播现场出现失误。

1. 直播平台设置

若直播间未经设置，用户在进入直播间后可能无法直观地了解直播内容，很容易造成用户的流失。为了提升用户的留存率、降低现场跳出率，在选择直播间类别后，直播团队需要对直播封面、直播第一幕画面进行设置，以满足直播需求。

（1）直播封面

直播封面是用户进入直播间之前了解直播内容的窗口，好的直播封面可以提升直播间热度。直播封面中的信息包括直播主题、直播时间、直播商品名、主播等，直播团队具体可以根据直播平台规则及活动需求进行设置，以达到让用户准确地抓住直播核心信息的目的。

（2）直播第一幕画面

直播团队应保持直播封面与直播第一幕画面的相关性，防止用户看到直播封面进入直播间后发现内容与直播封面不相关而产生心理落差。直播第一幕画面尤为重要，直播团队要避免在直播前几分钟总是显示与内容无关或杂乱的画面。

2. 直播 App 的测试

在开始直播之前，直播团队需要对直播 App 进行反复测试，确保熟练操作，避免直播过程中发生操作失误。

直播 App 的测试主要由两部分组成：一是主播视角的测试，主播应熟悉直播开启方法、镜头切换方法、声音调整方法等操作；二是用户视角的测试，主播需要以用户身份注册直播账号，进入直播间观看，从用户的角度观察直播画面，如果发现问题需要及时优化。

主播视角的测试包括许多操作，如直播间介绍、直播封面设置、直播预告、录制权限设置、直播间送礼等付费功能的开启或关闭、直播可见范围设置、语音评论权限设置、敏感词设置、管理员设置、红包发放权限设置、观众匿名设置等，这些功能都需要主播在开播前按需设置并测试。

而用户视角的测试比较简单，主播进入直播间后可以查看直播画面、声音、弹幕等情况，确定都没有问题后，即可完成测试。

课堂讨论

在条件允许的情况下，尝试在一个熟悉的直播平台进行直播软件的调试。

思考与练习

1　简述直播营销的工作流程。

2　一场直播需要投入哪些成本？

3　简述直播活动整场脚本的策划方法。

PART 07

第 7 章
直播营销的商品规划

知识目标

➤ 了解直播间的选品方法。

➤ 了解直播间商品的定价策略。

➤ 了解直播间商品的配置策略。

➤ 了解主流选品渠道。

素养目标

➤ 加强商品知识学习，选品要坚持质优原则，满足人民美好生活需要。

➤ 积极保护消费者权益，保障其知情权等。

➤ 积极发掘能展示中华民族优秀传统文化的商品。

商品是直播营销的核心，商品规划直接影响直播间的销售转化效果。本章将介绍直播间的选品方法、直播间商品的定价策略、直播间商品的配置策略及主流选品渠道等。掌握科学的选品原则、定价技巧、商品搭配技术及熟悉主流选品渠道后，读者将更从容地规划直播间商品。

7.1　直播间的选品方法

直播间的选品，即确定直播间要销售的商品。选品，决定着直播间口碑的好坏和营销的成败。因此，直播团队选品时不可跟风，要根据自己的情况仔细分析、认真筛选。

7.1.1　选品的三个维度

通常情况下，直播团队选品时需要从直播营销目标、市场需求、季节与时节三个维度进行考虑。

1. 直播营销目标

直播团队在不同的阶段可能会有不同的营销目标。例如，在缺乏影响力时，直播团队可能希望先通过定期的高频率直播来提升主播和直播间影响力；而已经拥有一定"粉丝"量的直播团队可能更希望尽快获取更多的营销收益。

营销目标不同，直播团队采用的选品策略也不同。

希望打造主播影响力的直播团队在选品时，更需要考虑的是"在直播间销售什么商品更有利于提升主播影响力"，而不是"销售什么商品更有利于获取盈利"。对于这样的营销目标，直播团队在选品时就需要多考虑商品的代表性特征，尽可能寻找在行业中具有品质代表性但销量相对不高的高端商品；或者选择能引发用户热烈讨论的商品。

而追求营销收益的直播团队，就需要挑选利润大、能够吸引用户经常购买的商品。

2. 市场需求

市场需求，通俗而言，就是判断有多少人在多大程度上需要某款商品。判断市场需求有两个维度，一个是需要使用的人数，另一个是需要使用的程度。

需要使用的人数多，那就是大众需求；否则就是小众需求。

需要使用的程度高，即非用不可，那就是"硬需求"，也是通常所说的"刚需"；相反，可用可不用，"贵了不用，便宜才用"，甚至"免费才用，不免费不用"，那就是"软需求"。

很明显，直播团队挑选"大众刚需"型商品，最有利于商品的销售。

一般情况下，"大众刚需"型的商品，因为市场需求量大，市场竞争也会比较激烈，甚至竞争格局已经趋于稳定。这样的市场虽然潜力大，但从零开始的新手直播团队想要突然闯入并迅速占领一席之地并不容易。因此，即使直播团队挑选的是很多直播间都在销售的"大众刚需"型商品，也需要尽可能让自己的直播营销策略拥有一些独特之处。例如，直播团队选择与主播人设匹配的商品，或者提高商品的更新频率，或者进一步优化商品的外观等。

3．季节与时节

直播营销中的很多"大众刚需"型品类都会受到季节和时节的影响，呈现旺季和淡季之分。对于这些商品，直播团队需要对以下问题予以判断：多久更新一次商品；在什么时间淘汰什么商品；在什么时间进行直播间的清场促销；在什么时间对直播间商品进行整体更新换代；等等。

例如，对于服装类的商品，直播团队在夏季适合销售的是连衣裙、短袖衬衫、T恤、防晒帽，而过季的风衣、外套和反季节的羽绒服显然就不合适。过季服饰虽然可能有人买，但显然不会成为"爆品"。因此，在选择服饰类商品时，直播团队就需要考虑什么时间上架夏装，什么时间进行春装清场促销，什么时间开展夏装大促，什么时间进行夏装清场促销，等等。

> **课堂讨论**
>
> 看一场知名主播的"带货"直播，看一看其选品有哪些独特之处。

7.1.2　选品的用户思维

不同的用户群体，有不同的消费偏好。直播团队只有把握直播间用户的消费偏好，按需选品，才能更容易地实现营销目标。

1．不同年龄用户群体的消费偏好

如果按照年龄层进行划分，可以把用户群体分为青年人、中年人和老年人三个群体，其各自的消费偏好如下。

（1）青年人

青年人追求时尚和新颖，喜欢购买能代表新生活方式的新产品。他们的自我意识较强，很多时候，都力图表现自我个性，因此喜欢购买一些具有特色的、体现个性的商品。青年人为人处世一般更偏重感情，容易产生冲动型消费。

如果直播间的主要用户群体是青年人，那么直播团队需要多选择一些时尚和新颖商品。

（2）中年人

中年人的心理已经比较成熟，在购买商品时，更注重商品的质量和性能。由于中年人在家庭中的责任重大，他们很少会做出冲动型、随意型消费，多是经过分析、比较后才做出消费决定。在实际消费前，他们会对商品的品牌、价位、性能进行充分了解，在实际消费时，往往按照计划购买，很少有计划外的消费和即兴消费。

中年人更关注其他人对商品的看法，偏爱大众化的商品，而不是个性化的商品。他们有时也会被新产品所吸引，但会考虑新产品的实用性。他们对商品有一定的判断能力和分析能力，不会轻易被广告、导购诱导。

如果直播间的主要用户群体是中年人，直播团队可以选择比较实惠的、有口碑的、大众化的商品。

（3）老年人

老年人由于生活经验丰富，很少感情用事，消费也更偏向理性。他们量入为出，偏向节俭，在购买前，对商品的用途、价格、质量等方面都会进行详细了解，而不会盲目购买。他们已经养成自己的生活习惯，对使用过的商品和品牌更加信任，因而更常重复购买。

如果直播间的主要用户群体是老年人，质量可靠且价格实惠的商品更容易赢得他们的信任，从而引发他们的重复购买和推荐购买。

2. 不同性别用户群体的消费偏好

如果按照性别来划分，可以把用户群体分为男性用户和女性用户两个群体。两个群体的消费偏好分别如下。

（1）男性用户

男性用户一般更善于控制情绪，处理问题时更能够冷静地权衡各种利弊因素。他们能够从大局着想，而不愿意纠结于细节。这种特点体现在消费上就是他们往往没有"选择困难症"。一旦建立购买需求，他们往往会立即做出购买行为。即使购买因素比较复杂，他们也能够果断处理，迅速做出选择。

男性用户往往不愿给人留下"斤斤计较"的印象，因而购买商品也只是询问大概情况，不喜欢研究商品细节，更不愿意花很多时间去比较、挑选，即使买到的是不太满意的商品，只要"不影响大局"（能用），也不愿意去计较，很少退货。

男性用户的消费行为往往不如女性用户频繁，购买需求也不太强烈。在很多情况下，他们的购买需求是被动的，如受家人嘱托、受同事朋友的委托或出于工作的需要等。在这样的购买需求下，他们的购买行为也不够灵活，往往是按照既定的商品要求（如指定的品牌、名称、式样、规格等）来购买。

此外，男性用户的审美往往与女性用户不同。对于自己使用的商品，他们更倾向于购买有力量感、科技感等男性特征明显的商品。

如果直播间的目标用户群体是男性用户，那么，质量可靠、有科技感、风格简洁的商品，可能更容易让他们做出购买决策。

（2）女性用户

女性用户是许多行业的主要消费群体，很多行业都非常重视女性用户的消费倾向。

女性用户一般喜欢有美感的商品。女性用户的"爱美之心"是不分年龄的，每一个年龄段的女性用户都倾向于将自己打扮得更美丽。她们在选购商品时，首先考虑的是这种商品能否提升自己的形象美，能否使自己显得更加年轻和富有魅力。因此，她们偏爱造型新颖别致、包装华丽、气味芬芳的商品。在她们看来，商品的外观（色彩、式样）

与商品的质量、价格同等重要。

女性用户购买商品时，尽管也关注商品的实用性，但更关注其情感价值。她们会受到身边朋友的影响，购买身边朋友都在购买的商品。她们容易被说服，经常产生计划外的购买行为。

如果直播间的目标用户群体是女性用户，那么，直播团队对于任何一个品类，都要尽可能选择包装华丽、造型新颖、外观精致、色彩明净、气味芬芳的商品。

> **课堂讨论**
>
> 你了解哪些属于不同消费群体的用户？他们之间的消费习惯有哪些不同之处？

7.1.3　选品的六个步骤

中小型的直播团队或新手直播团队，由于缺乏自建品牌、自建供应链的能力，因而需要通过招商来进行选品。通过招商进行选品，一般有以下六个步骤。

1. 根据用户需求确定商品的细节

选品的第一步，是根据用户需求确定商品的细节。例如，对于服饰类商品，用户偏爱什么风格、什么颜色、什么用途的服饰；对于家居用品，用户希望商品满足什么样的基本功能需求，喜欢什么样的商品造型，对商品包装有什么样的要求；等等。

2. 查看法律风险

选品的第二步，是查看商品是否有法律风险。

对于某些商品品类，直播间是不允许销售的，直播团队应注意规避。例如，美瞳，即彩色隐形眼镜，已于 2012 年被列入第三类医疗器械用品，不允许在直播间销售。

另外，如果直播间上架销售涉嫌抄袭原创设计品牌的商品，会影响主播和直播团队的声誉。因此，对于看起来像"爆款"的商品或自称独家设计的商品，直播团队要注意审查是否涉及侵权。

3. 查看市场数据

选品的第三步，是查看商品的市场数据。

直播团队查看目标商品的市场数据，可以借助专业的数据平台来实现。在当下，直播团队常用的专业数据平台有新抖数据、飞瓜数据等。

直播团队在选品环节，要注意查看具体商品的直播转化率，即了解商品销量和商品关联直播访问量的对比。直播转化率能够帮助直播团队判断目标商品的市场需求有多大。

此外，直播团队可以在直播时查看该商品的"正在购买人数"。这是因为观看直播的用户如果对商品感兴趣，很可能会进行"点击购物车查看商品详情"的操作，这个操作会通过直播中出现的"正在购买人数"弹幕来体现。由此可见，"正在购买人数"能够较为准确地反映直播间用户对该商品的兴趣。

4. 了解专业知识

选品的第四步，是了解商品所属领域的知识。一方面，在竞争激烈的市场环境中，直播团队只有尽可能多地了解目标商品所属领域的专业知识，才可能把握商品的生命周期，在有限的时间内挖掘出商品的全部信息。另一方面，在当前市场几近透明的状态下，如果直播团队对商品有较强的专业认识，即使所销售的商品在直播平台竞争激烈，也能赢得用户的信任和支持。

5. 精挑细选

选品的第五步，是反复且细致地筛选。根据二八法则，20%的商品一般能带来80%的销量。直播团队的筛选目标是要尽可能地发掘出畅销的 20%的商品。在这个筛选过程中，直播团队的专业度决定筛选结果。

6. 品类升级

任何一款商品，都是有生命周期的。在直播间，今天的"爆款"商品，明天或许会被市场淘汰；今天发现的新品，明天或许就会被其他直播间跟风销售。对于直播团队来说，"爆款"商品被淘汰、被跟风销售是无法避免的。因此，直播团队在获得用户的支持之后，要及时地进行品类升级。

品类升级的方式有两种：一种是获得独家销售权，当直播团队获得独家销售权后，竞争团队就无法找到同样的货源，自然无法跟风销售；另一种是进行包装升级，直播团队可以在商品的包装上加上特有的标志符号，或者推出独有的套装。

> **课堂讨论**
>
> 想一想，如果直播团队选择一款水杯进行"带货"直播，那么在选择这款商品时需要考虑哪些因素。

7.2 直播间商品的定价策略

当前的直播营销模式，更偏向于传统营销中的短期促销模式。这也意味着，直播间商品的价格，只有比实体门店、电商平台旗舰店等零售渠道的商品价格更低，才能吸引用户在直播间消费。因此，直播间的商品定价，是极为重要的工作。

7.2.1 单品定价策略

在直播间，商品的价格越低，用户的购买决策过程越短。

那么，一款商品应该怎么定价？接下来介绍几种定价策略。

1. 价格锚点策略

价格锚点策略，即根据其他商品的价格来设定所推荐商品的价格。

从用户的角度看，用户在不确定一款商品的价格是否划算时，就会参考其他同类商品的价格。如果有三款同类商品，且三款商品有三种不同的价格，用户一般倾向于选择价格居中的商品。因为对于最便宜的商品，用户会担心其质量不好或性能不高；而对于最贵的商品，用户会觉得其缺乏性价比，若购买就"吃亏"了。

因此，如果其他直播间也在销售同一款商品，直播团队要注意收集其他直播间该商品的实际销售价格。在没有获得足够的用户信任和支持时，不宜设定"全网最高价"，也不宜设定"全网最低价"，而应该设定稍低于主要竞争对手直播间的商品价格，这样既能吸引用户的注意力，又能在用户购买使用后提升用户的信任度和黏性。

如果一款商品是直播间独有的，品牌还没有什么知名度，无法让用户做出价格判断，那么直播团队就可以根据知名品牌的同类商品价格来设定直播间该商品价格。此时，由于新品牌缺乏品牌影响力，直播团队需要设定远远低于知名品牌的价格，以吸引用户尝试。

2. 要素对比策略

用户购买一个价格较高的商品，往往会考虑各种因素。因此，若直播团队设定较高的价格，就需要为用户提供直观的关键要素对比。例如，对于手机、计算机、生活电器产品，直播团队可以提供硬件配置对比表；对于服饰类产品，直播团队可以提供用料对比图、工艺对比图等。当用户看到差异时，就会倾向于购买更优质的那款商品。

3. 非整数定价策略

非整数定价策略，即直播团队设定的商品价格以 9 或 8 结尾，而不是以 0 结尾。非整数价格，对用户有以下三方面的心理影响。

首先，非整数价格会让用户觉得这种价格经过精确计算，是有依据的，而不是"漫天要价"，因而更容易产生信任。

其次，非整数价格与整数价格的实际差别不大，却会给人一种便宜很多的感觉，更契合用户追求便宜的心理。例如，99 元和 100 元实际只差 1 元，前者可以归入"几十元"的范畴，后者却会被归入"百元"的范畴。

最后，很多用户在看到商品价格时并不会认真思考，多是瞄一眼后，就进入是否购买的决策环节。这种"瞄一眼"，用户很可能只看到了左边位数的数字，自动忽略了右边的末位数字。例如，一个商品的价格为 99 元，用户在瞄一眼之后可能会认为这个商品的价格"更靠近 90 元"，而不是理性思考后觉得这个商品的价格"已经接近 100 元"。

不过，对于折扣后的商品价格，如果是非整数，就需要抹去零头。例如，如果商品的价格为 199 元，打 3 折后商品的价格应该是 59.7 元，此时主播若是直接说"先打 3

折再抹零，一口价 59 元"，更容易让用户感觉实惠，增强用户的购买意愿。

4. 阶梯定价策略

阶梯定价策略，即用户每增加一定的购买量，商品的价格就降低一个档次。采用这种定价策略，可以吸引用户增加购买数量。

阶梯定价策略适用于食品、小件商品和快消品。例如，某商品在其他渠道的销售价格为 59 元，在直播间的销售价格是：第一件 39 元、第二件 29 元、第三件 19 元、第四件 9 元。在这种逐渐降低的阶梯价格模式下，用户会觉得买得越多越划算，从而直接选择购买 4 件。

采用阶梯定价策略，主播可以通过相关话术进行引导，如"建议数量填 4，4 件一起拍更划算""4 件一起拍，总价 96 元，平均每件 24 元"，会带给用户更强烈的低价冲击。

此外，商品价格不是一成不变的，直播团队需要时刻分析市场动态，根据市场变化及时调整商品价格。

课堂讨论

　　看一场知名主播的"带货"直播，看一看直播间的商品价格如何，主播是如何介绍商品价格的。

7.2.2　组合商品定价策略

组合商品定价策略，即将两种或两种以上的相关商品捆绑打包后进行销售，并设定一个合理的价格。

组合商品定价策略有两种常用模式：买赠模式和套装模式。

1. 买赠模式

买赠模式，即为所销售的商品设定一个价格，同时免费赠送一个其他商品。适宜的赠品是用户使用购买的商品时会用到的附属商品。

例如，主播在直播间销售卸妆水，就可以将卸妆棉作为赠品；销售毛衣，可以将毛衣链作为赠品；销售手机，可以将手机壳和手机膜作为赠品；销售咖啡，可以将咖啡杯和勺子作为赠品。

采用这样的定价策略，可以给用户带来一种贴心的感觉。因此，即使买赠模式下商品价格贵一点，用户一般也能接受。当然，高出来的"差价"不能超过赠品的价格。

需要注意的是，采用买赠模式时，赠品应该在直播过程中多次出镜，由主播示范使用方法，以增强用户对赠品的记忆及对赠品价值的认可。

2. 套装模式

套装模式，即直播团队将不同的商品放在一起组成一个套装，为套装设定一个价格。

例如，直播团队想要销售的商品为 99 元的衬衫和 79 元的裙子。若是单品销售，用户可能会觉得裙子的价格更划算，衬衫的价格没有竞争力，用户会在直播间购买裙子，而去其他渠道购买衬衫。直播团队可以搭配一套包括衬衫、裙子、墨镜、帽子和首饰的夏装，并设定套餐价格为 158 元。同时，主播用话术进行引导：衬衫 79 元，裙子 79 元，墨镜免费，帽子免费，首饰也免费，一套夏装共五件商品，其中三件免费，总价 158 元。一方面，用户觉得衬衫的价格降低了；另一方面，直播团队提前搭配好的套装，能节省用户的搭配时间，适合不擅长服饰搭配的用户，因而用户更愿意购买。

需要注意的是，直播团队无论采用买赠模式还是套装模式，组合商品中的任何一件单品，其用户定位都需要是一致的，不能因为附带赠品而随意降低单品的品质。

课堂讨论

看一场知名主播的"带货"直播，看一看直播间所销售的组合商品是如何搭配和定价的。

7.3　直播间商品的配置策略

直播间商品的配置，是指直播团队根据商品在直播间的功能、销量和用途的差异将其划分为多种类型，将不同类型的商品进行合理配置，从而实现直播间的营销目标。

7.3.1　按商品性质划分

按照商品在直播间功能的不同，直播间展示的商品可以被分为印象款商品、引流款商品、利润款商品、"宠粉"款商品四种类型。在整个营销过程中，这四种商品发挥着不同的作用。

1. 印象款商品

印象款商品一般是用户在直播间达成第一笔交易的商品，其价格、质量、特点都将会直接决定用户对主播、直播间及直播间商品的整体印象。如果用户对印象款商品产生良好的印象，很可能会再次光顾直播间。因此，直播团队在为直播间选品时，需要认真挑选印象款商品。

直播团队一般需要选择性价比较高、客单价较低且实用的常规商品作为印象款商品。例如，以美妆商品为主的直播间可以选择化妆刷、面膜等作为印象款商品，以女装商品为主的直播间可以选择打底衫、配饰等作为印象款商品，以生活用品为主的直播间可以选择纸巾类商品作为印象款商品。

在直播间的商品配置中，印象款商品的比例可设置为 20%左右，不宜过高。

2. 引流款商品

引流款商品，就是吸引用户进入直播间并在直播间停留的商品。为了吸引用户进入直播间并观看直播，引流款商品的价格需要具有吸引力。当然，用户来到直播间，并不意味着会购买商品。要想吸引用户购买，引流款商品除了价低外，还需要让用户觉得"用得到"。这意味着，直播团队需要选择覆盖人群广的大众化商品作为引流款商品，并为其设置一个几乎不需要决策成本的低价，如 1 元、9.9 元等。

在直播间，引流款商品一般在直播开始阶段被推荐。直播团队可以先用极低的价格吸引用户，快速提升直播间的购物气氛，为直播营销打造一个效果良好的开端。

3. 利润款商品

利润款商品也叫"跑量"款商品，直播团队通过薄利多销的"跑量"方式来增加直播间的收益和整体利润。因此，利润款商品是直播间重点推荐的商品。在一场直播中，利润款商品可以多一些，比例达到 50%以上。

利润款商品虽然影响着直播间的销售收入，但价格不宜过高。如果想要带动直播间的销量，利润款商品的品质要让用户感到满意，定价要让用户感到实惠。因此，直播团队可以选择知名品牌的单品或组合商品作为利润款商品。在定价方面，直播团队也要尽可能吸引用户增加购买数量。例如，直播团队可以设置"500mL 的××牌洗发水，59元买一发二""××推荐图书套装，3 本书共 79 元"等。

4. "宠粉"款商品

"宠粉"款商品，也叫专属福利款商品，是直播团队为加入粉丝团的用户专门提供的商品。直播间的其他用户只有加入粉丝团后，才有机会购买"宠粉"款商品。"宠粉"款商品的特点是低价、高品质。有的"宠粉"款商品，是直播团队免费送给粉丝的；有的"宠粉"款商品，是直播团队将某一款比较有知名度的商品以极低的价格出售给粉丝的。例如，正常售价为 99 元的××商品，加入粉丝团的用户可以参与 1 元购，数量为2000 件。

直播间销售"宠粉"款商品，很可能是亏本的。其存在的目的是提升粉丝对直播间的黏性，提升直播间的购物气氛。因此，即使是亏本销售，直播团队也应保证"宠粉"款商品的质量。

通常情况下，一场直播可以设置较高比例的利润款商品。利润款商品的推荐可穿插在印象款商品、引流款商品和"宠粉"款商品的推荐之间。例如，先推荐引流款商品，以快速提升直播间的流量，并营造直播间的购物氛围；当直播间的人气因引流款商品而迅速提升后，再推荐印象款商品和利润款商品，以提高直播间商品销量；当直播间的用户积极性降低时，再推出"宠粉"款商品，再次激发直播间用户的购买热情。

当然，推荐路径并不是固定的，直播团队可以根据直播经验进行适当调整。

课堂讨论

看一场知名主播的"带货"直播，记录全场商品的推荐顺序，想一想这个推荐顺序有什么特点。

7.3.2 按商品销量划分

根据直播间一定时间的商品销售数据，直播间的商品可分为畅销商品、主打商品、潜力商品三种类型。

1. 畅销商品

畅销商品是支撑直播间销量的商品。畅销商品一般是有时效性的，往往只能给直播间带来短期的突出销量。一段时间之后，其销量会下滑，甚至成为被淘汰的滞销商品。例如，春节前，春联非常畅销；但是等过了春节，春联的销量就会锐减，也就不再适合销售了。

因此，在畅销商品的选择上，直播团队要注意时机的把控。

2. 主打商品

主打商品是支撑直播间利润的商品。主打商品一般是持续热销的商品，时效性不强，在全年内都有不错的销量，一般不会受到季节的影响。

销量高、用户评价好、符合主播人设、符合直播间风格的商品适合作为主打商品，这样的商品也可以看作代表主播和直播间形象的商品。

3. 潜力商品

潜力商品是未来可能会成为畅销商品或主打商品的商品。从另一个角度看，被称为潜力商品也意味着商品本身或商品的销售方式还有一些不足的地方。

直播团队一般可以通过用户评价来寻找潜力商品。通常情况下，潜力商品的评价可能在中等偏上。例如，商品的满分为 5.0 分，潜力商品评分可能会在 3.0～4.5 分。

对于潜力商品，直播团队要认真分析用户的好评和差评，了解哪些方面是让用户满意的，是需要保持的；哪些方面是用户不满意的，是需要改进的。相对来说，用户对潜力商品感到不满意的地方，直播团队进行改善后，可能会成为该潜力商品在未来占据市场的优势。

课堂讨论

观看一场知名主播的"带货"直播，看一看最快售罄的商品是什么，并想一想其快速售罄的原因。

7.3.3 按商品用途划分

按照不同的用途，直播间商品可以分为三类，即抢拍商品、基础商品和利润商品。

抢拍商品的特点是低价、数量较少，是需要用户在规定时间内快速完成购买的商品；基础商品又称经典商品，其特点是销量大且稳定、评价好，用户往往不需要经过太多思考就能做出购买决策；利润商品则是指那些利润空间较大的商品，是直播间的主要获利商品。

在一场直播中，直播团队既要保证商品的销量，又要营造直播间互动气氛，让用户始终保持购买热情，就需要将这三类商品进行组合销售。一般情况下，组合方式有以下两种。

1. 一款抢拍商品+一款基础商品+一款利润商品

在这种商品组合模式下，抢拍商品一般在直播开播初期被推荐，用于获取流量及营造气氛。等直播间拥有一定的流量基础后，再适时推出覆盖用户群更广的基础商品。当流量进一步增加达到顶峰时，便可以推出利润商品。采用这样的商品组合，能够保证利润商品得到最大程度的转化。

2. 一款抢拍商品+一款利润商品+两款基础商品

这种商品组合模式和第一种商品组合模式类似，初期主要依靠抢拍商品获取流量。

在直播开始阶段，当直播间用户达到一定的数量时，主播可以推出一款抢拍商品，以快速营造直播间的购物气氛，实现第一波商品的销售转化。接下来，直播间的用户一般会处于比较活跃的状态，流量也会达到一个小顶峰，此时，可趁机推出一款利润商品。在利润商品之后，再推出两款基础商品，以吸引更多用户在直播间产生购买行为。

> **课堂讨论**
>
> 从你个人的角度想一想，什么样的商品可以作为抢拍商品。

7.4 主流选品渠道

对无自营品牌的直播间来说，选择优质选品渠道极为重要。本节将介绍淘宝联盟、精选联盟及蝉选等适合无货源直播间的主流选品平台，解析不同平台的功能定位、商品类型等。通过了解各主流选品平台，无货源直播间可根据自身情况选择合适的选品平台。

7.4.1 淘宝联盟

淘宝联盟是阿里巴巴集团旗下一个致力于推广淘宝、天猫商品的联盟营销平台。通过这个平台，广大的商家可获取可靠的商品源进行推广，并从推广中获得佣金收益。

1．功能定位

淘宝联盟提供大量的商品供商家选择，商家可根据自己的推广渠道和目标用户选择合适的商品来推广。因此，该平台不但面向直播商家，也面向其他渠道商家。该平台提供了一套完整的推广效果追踪系统，商家可及时追踪自己的推广效果。推广收益在平台内结算，商家可通过平台查看自己的收益情况。

2．商品类型

淘宝联盟的商品种类十分丰富，涵盖了淘宝、天猫上几乎所有商品类型，包括但不限于服装、电子产品、家居用品、美妆、食品等。商家的选品空间大，可选品类十分丰富。

3．优势分析

淘宝联盟的优点在于，平台上商品种类丰富，商品价格跨度也大，满足不同商家、不同层次的推广需求。该平台推广工具全面，如商品链接生成、推广海报生成、推广效果追踪等，商家可便捷地进行推广。同时，淘宝联盟通过大数据分析用户需求，向商家推荐用户可能感兴趣的商品，商品转化率相对较高。

值得留意的是，该平台商家众多，商品的推广竞争非常激烈，新手商家可能需花费更多的时间和精力才能从竞争中脱颖而出。此外，该平台内同质化商品多，某种程度上可能增加了商家的"选择困难"。

> **课堂讨论**
>
> 淘宝联盟面向商家推出了"联盟课堂"，请你挑选部分课程或浏览课程目录，分析其课程可以帮助商家提升哪些能力。

7.4.2 精选联盟

精选联盟是抖音电商旗下的直播选品平台，旨在为抖音平台的商家提供优质、多样化的商品选择。该平台汇集了大量热门品牌和商品，为主播提供了较为丰富的选品资源。

1．功能定位

精选联盟依托自家的商品库，为直播团队精准推荐不同场景下合适的商品。通过直观的界面和搜索功能，直播团队可较快找到适合直播的商品。该平台还为直播团队提供自动商品推荐和及时更新的热门榜单等功能，帮助直播团队发现热销商品和潜在的选品趋势。此外，精选联盟还提供商品导入和批量操作等工具，方便直播团队管理和推广选品。符合条件的直播团队还可以获得商品试用等服务支持。

2. 商品类型

精选联盟的商品库涵盖多个商品类型，如时尚服饰、鞋靴箱包、美妆、运动户外及个护家清等，汇集了众多潮流商品。

3. 优势分析

精选联盟的优势在于，商品新颖度高，商家可及时发现小众潮流商品；提供样品试用、销售量满足约定条件后退样品费用等支持性服务，商家可以先体验再进行营销推广。

当然，该平台商品类别相对集中，不够全面；潮流性强，不一定适合全部用户群体。直播团队在挑选商品时还需仔细留意店铺及商品评分。

课堂讨论

你在抖音平台下单购买过商品吗？你留意过该平台所售商品附带的"品牌""安心购""抖 in 好物""超值购"等标签吗？这些标签是否让你对商品的品质更放心？

7.4.3 蝉选

蝉选是一个专注于抖音电商选品的平台，旨在为抖音直播团队提供丰富、优质的商品选择。

1. 功能定位

蝉选依托强大的数据分析与算法推荐功能，为直播团队推送用户可能喜欢的商品，直播团队可以一键加入"选品车"。

2. 商品类型

蝉选的商品涵盖服饰、美妆、食品、家电等多个领域，以服饰和美妆为大宗。商品定位中高端，品牌较知名。

3. 优势分析

蝉选的优势在于，其商品质量比较有保证，商品种类能满足大部分直播团队需求。此外，蝉选的不少商品有相对较高的佣金，有助于提升直播团队营收。

在商品更新速度方面，该平台可能不如其他选品渠道那么快。

课堂讨论

请你选择某个细分品类商品，分别在淘宝联盟、精选联盟及蝉选搜索，看看搜出来的商品在货源、品牌、数量、价格、销量等方面有何不同。

**思考与
练习**

1 如何根据不同的用户群体进行直播间选品？

2 简述直播间选品的步骤。

3 直播间商品的单品定价策略有哪些？

4 直播间组合商品的定价策略有哪些？

5 按照商品在直播间功能的不同，直播间商品可以分为哪些类型？各有什么作用？

6 直播团队可从哪些渠道选品？不同渠道分别有什么优劣势？

PART 08

第 8 章
直播前的引流预告

知识目标

➤ 了解直播引流的渠道和时机。

➤ 了解直播引流的内容设计。

➤ 了解不同平台的付费引流方法。

素养目标

➤ 树立服务民众的信念，通过引流预告宣传主旋律，传递正能量。

➤ 遵守国家法律规定，把好引流预告内容关，防止出现低俗、违法违规内容。

➤ 加强引流预告人才队伍建设，提高思想觉悟和业务能力。

做足直播前的营销功夫，可以有效聚集目标用户，使直播间开播后有足够的基础流量。本章将重点介绍直播引流的渠道选择、时机抓取、内容设计以及不同平台的付费引流技巧。

8.1 直播引流的渠道和时机

直播引流，即直播团队通过一些方式为直播预热，让用户提前了解直播的内容，以便对直播感兴趣的用户在直播开播后进入直播间，增加直播间的在线人数。

8.1.1 直播引流渠道

直播引流渠道，有私域流量渠道和公域流量渠道之分。直播团队可以通过在私域流量渠道和公域流量渠道共同进行直播宣传，快速提升直播活动的热度。

1. 私域流量渠道

直播团队可以进行直播引流的私域流量渠道有电商平台店铺、微信公众号、微信朋友圈和社群等。

（1）电商平台店铺

拥有淘宝店铺（含天猫店铺）、京东店铺、拼多多店铺等电商平台店铺的直播团队，可以在店铺首页、商品页、商品详情页等宣传直播信息，以便关注店铺的平台用户了解直播信息。图 8-1 所示为人民邮电出版社官方旗舰店的直播预告。

点淘 App 是淘宝直播的官方平台，即使没有淘宝店铺的直播团队，也可以在其账号页面中设置直播预告，以便关注直播账号的用户了解直播信息。例如，图 8-2 所示为当当网官方旗舰店在点淘 App 中的直播预告。

图 8-1　人民邮电出版社官方旗舰店的直播预告

图 8-2　当当网官方旗舰店在点淘 App 中的直播预告

（2）微信公众号

直播团队可以在微信公众号中以长图文的形式介绍直播信息，同时插入图片或海报，更清楚地说明直播的时间和主题。例如，某直播团队会在微信公众号中推送直播预告文章，并在文章中以海报的形式介绍直播间主题和所要推荐的商品，如图 8-3 所示。

图 8-3　某直播团队在微信公众号中发布的直播预告

（3）微信朋友圈

直播团队每个成员可以在微信朋友圈发布与直播相关的图文动态，作为直播预告。例如，秋叶大叔每次直播前，秋叶团队的运营人员都会在微信朋友圈发布图文形式的直播预告，如图 8-4 所示。

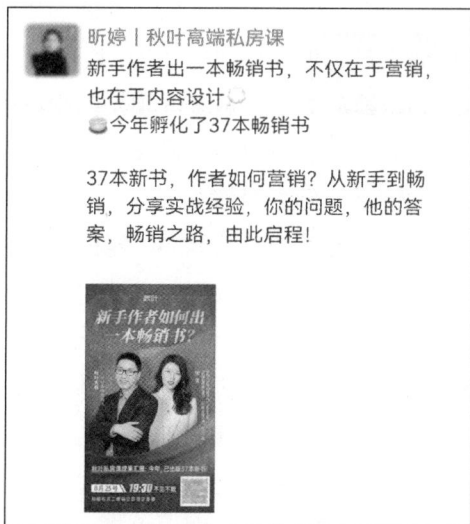

图 8-4　在朋友圈发布直播预告

（4）社群

直播团队可以创建自己的"粉丝"群，在开播前，将直播开播信息发布在"粉丝"群内，以引导"粉丝"到直播间观看直播。预告方式可以是短视频，也可以是宣传图，还可以是文字。例如，秋叶团队在开播前会在社群内发布多种形式的直播预告，如图 8-5 所示。

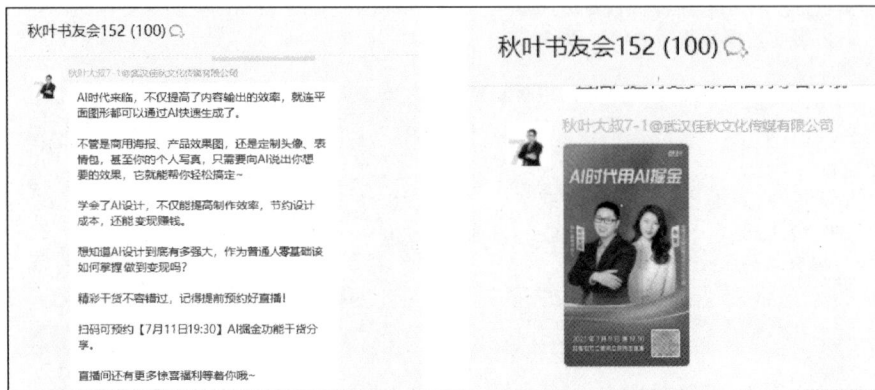

图 8-5　在社群内发布直播预告

2. 公域流量渠道

公域流量渠道，即平台渠道。常用的公域流量渠道包括抖音、快手、视频号等短视频平台，以及微博平台。

（1）短视频平台

在开播前 3 小时，直播团队可以在抖音、快手、视频号等短视频平台发布短视频来预告直播信息。利用短视频发布直播预告的方式主要有以下两种。

第一种方式是由"常规的短视频内容+直播预告信息"制成的短视频，即直播团队发布含有直播信息的短视频。例如，抖音平台某头部主播的账号，日常会发布常规短视频，短视频的内容可能跟直播无关，但会通过链接向用户预告直播信息，如图 8-6 所示。采用这种直播预告的方式，基本上不影响短视频平台用户的观看乐趣，可为主播和账号吸引更多的新粉丝。然而，这样的短视频只是简单预告了直播时间和直播主题，并不能充分预告直播内容，不太容易做到为直播引流。

当然，如果直播团队有一定的短视频策划能力，能根据直播内容和直播主题创作出能兼顾优质内容和引流目标的短视频，就可以用有趣的内容吸引短视频平台的用户，同时也能较为准确地传达直播内容。

第二种方式是以直播预告或商品为主要内容的短视频，即"纯直播预告式"的短视频。例如，某主播团队在抖音平台发布的直播预告，预告了直播间部分福利和商品，吸引用户关注该直播，如图 8-7 所示。采用这种预告方式，可以进一步强化账号的"专业带货"人设，也能充分展示直播"带货"的核心内容，能够吸引对直播内容感兴趣的用户去观看直播。从这个角度来看，这种方式是一种极有引流价值的直播预告方式。

图 8-6　含有直播信息的短视频

图 8-7　"纯直播预告式"的短视频

（2）微博平台

一些电商平台的主播可以在微博平台进行直播宣传预热，吸引微博用户到直播间观看直播。例如，某直播团队一般会在微博平台发布直播预告，如图 8-8 所示。

直播团队也可以在微博平台开通一个名称为"××（主播名字）直播官方微博""××（主播名字）直播预告小助手"等的账号，专门发布直播预告内容，如图 8-9 所示，方便感兴趣的用户去直播间"蹲守"自己想要的好物。

由于微博和淘宝属于合作关系，直播团队可以将淘宝直播信息发布在微博平台上。例如，某团队在微博平台发布的淘宝直播信息，会显示"LIVE"，如图 8-10 所示，方便用户直接进入直播间观看。

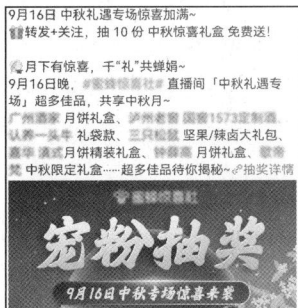

图 8-8　在微博平台发布的直播预告

图 8-9　预告直播的商品清单

图 8-10　某团队在微博平台发布的淘宝直播信息

想一想，你和你的朋友们通常从什么渠道了解直播信息。

8.1.2 直播引流时机

直播预告的发布时间，应该与平台用户的活跃时间一致，且直播团队要注意直播预告与直播开播的间隔时间。

1. 引流内容发布的时间

一般情况下，20：00—22：30 是大多数"上班族"的休息时间，他们更可能在这个时间段观看直播。因此，这个时间段往往是直播间人数较多的时候，也是很多主播首选的开播时间。

不过，直播团队并不需要在这个时间段发出直播预告。由于直播预告的目的是引流，因此，直播团队需要在直播开播前就让目标用户看到直播预告。

直播团队发布直播预告的时间不能过早，否则很容易被用户遗忘；但也不能过晚，否则可能会影响预热效果。直播团队可以在正式直播前 1～3 天发布直播预告，为直播间引流。采用这样的发布时间，有以下两个方面的优势。

一方面，由于网络热门信息的发酵期是 2～3 天，在这段时间内，看到信息的用户数会达到顶峰。此时，主播再开始正式直播，可以有效避免信息热度的减退。

另一方面，直播团队提前 1～3 天预告，可以给主播及其团队成员一些时间准备应对突发情况的预案。直播团队可以在此期间了解用户对直播的期待程度，及时调整直播方案；也可以避免直播信息被突然爆发的网络热点完全掩盖，同时给被网络热点吸引的用户一个合理的缓冲期。在提前做好直播预热的前提下，直播前即使会发生一些突发状况，直播团队也只需要调整小部分的计划，即可从容应对。

由于短视频平台、微博、微信公众号、朋友圈等都可以成为主要的直播预告平台，因此，直播团队需要了解这些平台用户的活跃时间，并在用户活跃时间发布直播预告信息。

根据经验，直播预告的适宜发布时间是用户活跃峰值前约半小时，这样可以给用户更多的反应和转发时间。

此外，直播团队还需要注意：直播预告的发布时间一般不宜选在周末。因为这是很多平台内容发布的高峰时期。例如，微信公众号、微博等平台上的创作者会在周末发布较多的文章和短视频。直播团队发布直播预告要注意避开内容发布高峰期，以免预告内容被淹没。

2. 引流内容发布的节奏

引流内容发布的节奏，也影响着引流的效果。

某主播在抖音平台的首场直播预告，其模式如新品发布会一样，逐步放出消息，不断激发用户的好奇心。表 8-1 所示为该主播首场直播的直播预告节奏。

表 8-1 某主播首场直播的直播预告节奏

平台	形式/内容	发布节奏/时间点	意义
微博	悬念式倒计时海报	每天 2 条	设置悬念，激发好奇心
	抖音视频同步分发		多平台分发，避免流量流失
	合作品牌逐步官宣	临开播前 3 天	整合品牌资源，进一步造势
抖音	悬念问题真人解答	每天 1 条	多为反问句，激发好奇心
	抖音热门话题挑战		借助抖音话题，扩大扩散范围
	抖音平台话题扶持	从入驻到开播前	引发自媒体大号的关注和讨论，提高话题热度
	直播间推荐入口	开播前至结束	对直播间持续曝光、引流

在这样有计划的直播预告之后，该主播在抖音开启了首场直播，据抖音官方数据，这场直播累计观看人数达 4875.4 万，销售额达 1.1 亿元，抖音音浪收入达 360 万元。

可见，在开播前 1～3 天，直播团队就可以根据不同平台的特点与用户属性，开始有节奏地进行直播宣传。宣传形式可以多元化，直播团队需要不断用新的内容持续激发用户的好奇心，保持话题的热度。

3. 大型直播营销活动的预告时间

大型直播营销活动的预告时间，可能会跟普通直播营销的预告时间不太一样。如果直播团队希望进行一场规模较大的、影响力较广的直播营销活动，可以考虑在以下四个时间点进行宣传。

（1）开播前一周

如果是一场新品推荐直播，直播团队可以提前一周在发布的短视频、图文中设定一些直播信息线索。例如，直播团队可在短视频中谈及与新品特点相关的话题，或者在短视频中展示新品生产过程，并在视频结尾说明"即将推出新品"。

（2）开播前三天

开播前三天，直播团队需要发布一则短视频或图文来透露更多的新品信息和直播信息，其中包括优惠信息、开播时间和开播平台、直播嘉宾等。

（3）开播前一天

开播前一天，直播团队需要发布一则新品视频，在视频中提示观看的用户在留言中说一说对新品的看法，在视频结尾处再次展示明确的直播时间和直播平台，并邀请用户光临直播间。

（4）开播前半小时

直播团队需要在开播前半小时进行最后一次直播预告。预告中，直播团队需要介绍直播主题、核心内容，以及告诉用户"直播间有福利、有惊喜"，再次邀请用户光临直播间。

课堂讨论

找一个你感兴趣的直播间，看看其团队都是在什么时间以什么方式发布直播预告信息。

8.2 直播引流的内容设计

引流内容决定引流效果，优质的引流内容可以为直播间创造巨大的营销价值。直播团队需要尽可能地从引流文案和引流短视频两个方面创作出有创意且贴合直播内容的引流内容。

8.2.1 引流文案设计

从网络上获取信息，无论翻阅微信朋友圈、查看微博热门话题榜，还是浏览新闻网站，用户最先看到的都是标题，而且会对与自己相关的标题感兴趣。因此，对于承担着宣传目标的引流内容来说，标题的设计是非常重要的。

1. 引流文案标题设计

同样的文案，采用不同的标题所达到的效果就不同。直播团队对引流文案的标题设计，可以从吸引力、引导力、表达力三个维度进行思考。

首先是吸引力。用户只会关注自己感兴趣的内容，为了吸引用户观看引流文案，设计的标题需要贴合目标用户的阅读兴趣。为了抢夺用户的注意力，引流文案标题需要有吸引力。

其次是引导力。有引导力的标题能引导用户点击标题并浏览内容。

最后是表达力。很多用户会出于各种各样的原因只看标题而不看内容，或者不看完内容。能够概括核心内容的引流文案标题，能让没时间看完文案内容的用户快速感知文案内容的要点。

优质标题的撰写，往往不是一蹴而就的。为了创作出有"爆款"文章或"爆款"短视频倾向的引流文案，直播团队需要对标题反复设计与优化。引流文案标题的设计也是有方法的。采用以下七种方法，比较容易设计出有吸引力的标题。

（1）数字化

数字化标题，即将内容中的重要数据或思路架构整合到标题中。数字化标题一方面可以利用吸引眼球的数据引起用户注意，另一方面可以有效提升用户阅读标题的效率。例如，"10 个容易被忽略的 Excel 小技巧，超实用""如何写故事，看这 5 本书就够了""4 个穿搭小技巧，职场人一定要学好"等。

（2）人物化

在互联网世界，信任是很多行为的基础。很多人会先考虑好友推荐的商品，其次是专业人士推荐的商品，最后是陌生人推荐的商品。基于此，如果引流的内容中涉及专业人士或名人的观点，那么直播团队可以直接将其姓名加入标题，如"读书 PPT：向杰克·韦尔奇学商业管理""秋叶：如何从单杠青年到斜杠青年"等。

（3）历程化

真实的案例比生硬的说教更受欢迎。在标题中加入"历程""经验""复盘""我是怎样做到的"等，可以引起用户对真实案例的兴趣，如"我如何把网络课程卖出 1000 万元"等。

（4）体验化

体验化语言能够将用户迅速拉入内容营造的场景，便于后续的阅读与转化。直播团队可以在标题中加入体验化语言，包括"激动""难受""兴奋"等情感类关键词及"我看过了""读了很多遍""强烈推荐"等行为类关键词，引导用户的情感，将用户迅速拉入观看内容的场景中，如"一段小视频，上百万人都看哭了！""这位很厉害的喜剧大师，我一定要推荐给你"等。

（5）稀缺化

对于稀缺的商品或内容，用户普遍容易更快做出决策，从而点击浏览或直接购买。直播团队可以在引流文案标题中提示时间有限或数量紧缺，以提高内容的浏览量。例如，"××课程马上涨价""快领！购书优惠券明天过期"等。

（6）热点化

体育赛事、节假日、热播影视剧、热销书籍等，都会在一段时间内成为讨论热点，登上各大媒体平台热搜榜。如果直播团队发布的内容与热点相关联，在标题中加入热点关键词，可以增加内容的点击量。例如，"不想当职场的×××，Excel 这些快捷键必须会""里约奥运约不起？××喊你直播间见！"等。

（7）神秘化

用户对未知事物通常有猎奇心理——越是神秘，越想一探究竟。引流文案标题也可以制造神秘感，吸引用户注意力。要设计神秘化标题，可以在标题中添加"奥秘""秘密"等词语，如"PPT 模板的秘密，统一风格才是关键"等。

2. 引流文案撰写

引流文案需要解决用户的一个疑问：为什么要去看直播？为此，直播团队应给出直播间的特色，写出直播间能够为用户解决什么问题。在此基础上，通过促销活动，引导用户在直播间产生消费的兴趣。

常见的引流文案包括以下三种。

（1）互动类文案

互动类文案一般采用疑问句或反问句，这种带有启发性的开放式问题不仅可以很好地制造悬念，还能为用户留下比较大的回答空间，提升用户的参与感。

例如，"更多好物还在持续更新中，还想要什么可以在评论区留言。"

（2）叙述类文案

叙述类文案通常是指直播团队对画面进行的叙述，给用户营造置身其中的感觉，使其产生共鸣。

例如，某直播团队发布的一篇引流文案中写道："这些年，工作越来越忙，陪伴父母的时间越来越少。今年过年，可能很多人无法回家陪伴父母，而总是说着什么也不缺的父母，真正缺少的是儿女的"贴心"和"懂得"，用心挑选'给爸妈的第一份礼物'（直播主题），为他们找到生活小帮手，也是爱他们的一种方式。"

可见，直播团队需要根据直播主题和商品的特点，撰写有场景感的叙述类文案。

（3）长篇文章

直播团队通过一篇发布在微信公众号的长篇文章告诉目标用户：为什么要开直播，要开一场什么样的直播，以及什么时间在什么平台开直播。例如，某主播在微信公众号发布的一篇名为《优秀女人的书架上，一定要有这30位作家》的原创文章，即为一个图书专场直播的预告。

在这篇文章中，该主播不但预告了直播的时间和平台，还以感悟性的语言说明了为什么要做这场直播，以及这场直播有哪些独特的价值。例如，"我每天的阅读量提高到了4万字""一年365天能读1400多万字，7年下来就是一亿多字，大约一千本书""我特别想做的一件事儿，就是通过一个作家的理解，把每一本书中，对咱们普通读者的价值点和关键内容，用最直截了当的语言告诉你。让你的阅读真正变得充满价值，而不是打发时间""这次直播中，我会把自己压箱底儿的读书干货都分享给你们，没有一丝藏着、掖着"等。

而文章结尾则嵌入了微信裂变海报，以实现在二次传播中为直播间引流。

课堂讨论

找一篇知名主播的"带货"文案，看一看有哪些特别之处。

8.2.2　引流短视频的内容策划

引流短视频的目标有两个：首先是增加直播信息的曝光量，为直播间引流；其次是增加主播的粉丝量。

因此，直播团队进行引流短视频的内容策划，可以参考以下几种内容形式。

1. 以预告抽奖福利为主的短视频

直播团队可以拍摄一个以预告抽奖福利为主的短视频，时长只需要 15 秒左右，主要是以热情的方式告诉用户，直播间会送什么礼物给用户，呼吁用户光顾直播间赢取福利。如果用户对福利感兴趣，就会在指定时间进入直播间。因此，在这种短视频中，福利必须有足够的吸引力，直播团队需要尽可能地设置用户皆知的高价值的福利商品。

2. 符合直播主题的情景短剧类短视频

直播团队也可以根据直播主题策划一个情景短剧。情景短剧类短视频，一般由两人或多人一起表演，来表达一个有感染力的主题，引发用户的情感共鸣，使其主动点赞、评论和转发。

在引流短视频的内容策划中，有感染力的主题包括以下五种。

（1）爱情。爱情是年轻人的热门话题，与爱情相关的内容，如单相思、表白等故事，年轻人大多会感兴趣。

（2）创业。直播团队可以在短视频中展示成功背后大多数人所看不到的努力和艰辛，展示各行各业成功者光鲜背后的经历。

（3）反差。在短视频中，直播团队可以制造角色的前后反差，创造出与众不同的效果，从而撼动人心。

（4）家庭。直播团队可以在短视频中展示由于家庭成员的年龄和认知不同造成了行为错位，然后利用一些方法巧妙地解决。

（5）亲情。亲情对各个年龄段的用户来说都是最容易触动内心的情感。直播团队可以通过营造特定情境和情节，创作出能够展现亲情的短视频。

例如，某直播团队在点淘（淘宝直播）发布的情景短剧类短视频——《新年给爸妈的第一份礼物》，就是根据直播主题，策划的一个表现亲情的短视频，如图 8-11 所示。该短视频引发了很多用户在评论区评论"感动""想家"等。

3. 以知识传播为主的短视频

干货类和技能分享类短视频是非常实用且容易"涨粉"的短视频类型，这类短视频包括 PPT 类短视频、讲解类短视频、动作演示类短视频和动画类短视频等。这类短视频有助于打造主播的"专业"人设。直播团队可以在这类短视频的结尾处加入直播信息。例如，直播团队可以将直播预告海报放在结尾，让用户看清楚直播的开播时间和福利。

由于直播信息在短视频结尾处，此类短视频要能吸引用户看完全部内容。这就要求这类短视频有三个特点：首先要通俗易懂，要能对用户起到很好的指导作用；其次是实用性要强，能够切实解决用户在工作或生活中遇到的问题或困难；最后是有独特风格，能够提升用户的观看体验，促使用户关注、转发和分享。

图 8-11　某直播团队发布的情景短剧类短视频

4. 商品测评类短视频

商品测评是以商品为对象进行测评，先"测"后"评"。直播团队通过使用某种商品，或者按照一定的标准做功能性或非功能性的检测，然后分析结果，做出评价，分享给用户，帮助用户从众多商品中筛选出质量有保障、体验感好、适合自己的商品，从而促成消费。

按照内容侧重点的不同，商品测评又分为两类：一类是严肃测评，比较注重"测"的部分，即利用科学的手段，有标准地进行专业性的检测，而"评"的部分也更多是基于客观的数据资料进行评论并提出建议；另一类是轻松测评，更注重"评"的部分，即基于感性的体验（如商品的外观、使用的顺畅度等）进行描述与评论，具有一定的表演性与娱乐性。

对于即将推荐的商品，直播团队可以先为其创作测评类短视频，在通过测评展现商品的优势后，再标明商品的直播时间，以吸引用户到直播间购买。图 8-12 所示为某账号发布的直播预告式的测评类短视频，视频结尾留下了悬念，以吸引用户关注。

图 8-12　直播预告式的测评类短视频

5. 实地走访类短视频

实地走访类短视频的内容是主播到跟商品相关的实际场景中探访与体验，并将过程分享给用户。实地走访类短视频适用于餐饮（即"探店"）、旅游、"海淘"商品、农产品等主题，可以记录饮食的生产场景、景点的实际场景、海外商品的销售场景，以及农产品的生长环境，增强用户对直播间商品的信任，引导用户进行消费。图 8-13 所示为某主播发布的实地走访类短视频。

图 8-13　某主播发布的实地走访类短视频

6. 直播切片类短视频

直播切片类短视频也是直播团队常用的引流短视频。直播团队通过剪辑上一场直播的高光内容片段，让用户感受直播氛围或风格，吸引用户在指定时间进入直播间。图 8-14 所示为某直播团队发布的直播切片类短视频。

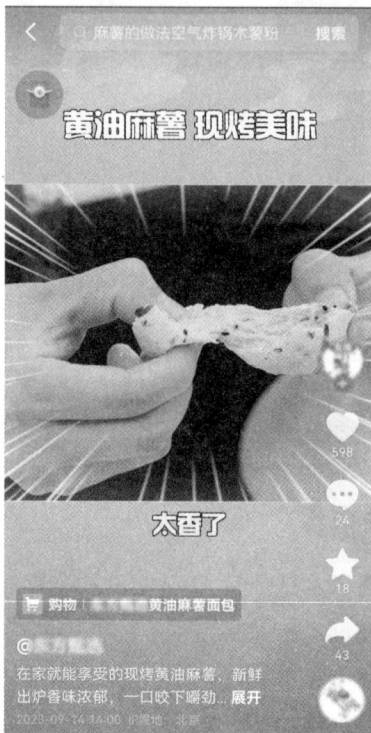

图 8-14　某直播团队发布的直播切片类短视频

需要说明的是，引流短视频的内容形式有很多，以上介绍的几种是比较容易与直播内容建立连接的形式。短视频的内容只有与直播有较强的关联性，才更容易为直播间引流。

课堂讨论

找一个以预告直播内容为主题的短视频，看一看其内容有什么特点。

8.3　不同平台的付费引流

如果想要快速提升直播间的人气，直播团队也可以在即将开播或刚刚开播时，通过付费引流的方式为直播间引流。在此，主要介绍淘宝直播付费引流、抖音直播付费引流、快手直播付费引流和视频号直播付费引流。

8.3.1 淘宝直播付费引流

淘宝直播频道的流量分配机制是"私域维护好，公域奖励多"，如果直播团队能够把自己的私域流量维护好，那么，淘宝直播频道会奖励直播间更多的免费公域流量；直播间的私域流量越多，淘宝直播频道奖励给直播间的公域流量也会越多。

因此，直播团队在淘宝直播进行引流推广，关键是要坚持开播，维护自己的私域流量。在此基础上，再使用直播推广工具"超级直播"，将直播推广至淘宝直播的"直播广场"、淘宝 App 的"猜你喜欢"等优质资源位，从而取得良好的直播引流效果。

在目前的版本中，"超级直播"有管家版和专业版两种模式。管家版操作简单，支持智能一键投放，适合新手主播或直播间；专业版适合成熟主播或直播间，可在直播前设置好，支持定向人群和自主出价，实现精细化运营。

1. 管家版

"超级直播"的管家版有两种创建方式：在移动端创建和在 PC 端创建。

（1）在移动端创建

在淘宝主播 App 首页的"全部工具"中，找到"超级直播→我要推广"，进入"超级直播"计划创建页面，之后即可按照页面选项设定推广计划。

选择订单类型为"人气版"或"效果版"，如想增加直播间场观，可选前者；如想提高直播间成交转化率，则选择后者。

接下来，在"下单金额"中，选择起投金额和上限金额。

在"投放开始时间"中，一般从直播开始时起投。"期望曝光时长"默认为 2 小时，直播团队可根据实际的直播时长进行调整。

而在投放人群的选择中，直播团队可以选择智能推荐人群、精选人群及自定义人群（根据性别和年龄来选择）。其中，精选人群是达摩盘①精选人群包，包含"去年 99 划算节行业疯狂下单人群"等细分选项。

"超级直播"移动端投放界面，如图 8-15 所示。

直播团队完成以上设置，并支付一定的金额，即可开始推广。

（2）在 PC 端创建

在 PC 端，直播团队可以在淘宝直播中控台建立直播推广计划。具体方法是，进入中控台，看到正在直播中的直播间，单击"直播推广"按钮即可创建推广并实时管理推广订单；或者在直播列表页面找到直播推广入口，创建推广并对推广订单进行实时管理。

---

① 达摩盘（Data Management Platform，DMP），是指数据管理平台。达摩盘是阿里妈妈（隶属阿里巴巴集团，拥有阿里巴巴集团的核心商业数据，是国内领先的大数据营销平台）为了满足淘宝平台商家的精准营销需求而打造的人群精细化运营定向中台。

图 8-15 "超级直播"移动端投放界面

在 PC 端的创建推广页面，直播团队也需要按照页面选项设定好推广计划。投放目标也是系统默认的增加观看次数。定向人群则可以选择智能推荐人群（一般默认勾选）、精选人群（根据达摩盘丰富标签，选择平台已经配置的个性化人群包，可多选）、自定义人群（根据年龄、性别及兴趣选择人群，并能实时看到人群规模），以及达摩盘人群（需要自己创建，一般需要在投放前先创建人群并同步到后台）。

2. 专业版

专业版主要面向的是有长期持续投放优化需求的直播团队，直播团队可以根据不同的目标进行手动出价。简单来说，管家版更适合新手团队，专业版适合有直播运营经验的团队。

直播团队可以登录超级直播平台，选择专业版创建推广计划；或者在淘宝直播中控台，选择专业版创建推广计划。

在专业版中，直播团队可以根据需要设置基本信息、定向人群，并进行投中管理。

（1）基本信息

在基本信息设置中，直播团队可以设置投放模式、投放日期和投放预算；无须设置出价方式，系统默认为"手动出价"；投放目标可以选择"增加观看次数""增加商品点击量""增加粉丝关注量""增加互动量""增加成交率"等。投放方式通常选"均匀投放"，如需急速推广，也可选择"尽快投放"。

（2）定向人群

在定向人群设置中，直播团队一般先选择"智能推荐人群"，系统会实时根据店铺、商品、访客等筛选对直播或直播商品更感兴趣的人群。接下来，设置"侧重人群"，可从"行业行为兴趣人物""主播行为兴趣人物""平台精选人群""达摩盘自定义人群"等人群类别中添加合适人群。

（3）投中管理

在直播推广开始投放后，直播团队还可以随时修改计划，如修改投放状态、调整预算、调整定向人群及出价。这样的投中管理，可以帮助直播团队根据实际投放效果优化投放策略，从而提升投放成效。

需要注意的是，直播付费推广虽然能够快速为淘宝直播间带来流量，但是，真正能为直播间引流的还是直播内容。直播团队在实际操作中，切忌本末倒置。

课堂讨论

作为淘宝用户，对于系统为你推荐的直播内容，你的兴趣度如何？

8.3.2 抖音直播付费引流

抖音直播间的付费引流，是以为直播间引流为目的，通过在用户的视频推荐页同步直播内容，吸引用户进入直播间，观看直播并购买商品。

对于开启了付费引流的抖音直播间，在直播时，原本观看视频的抖音用户就会在不知不觉中看到直播间的直播信息，如图 8-16 所示。此时，这条直播信息就会占据整个手机屏幕，用户点击屏幕即可进入直播间。

图 8-16 推荐页显示的直播间的直播信息

1. 抖音直播付费工具："DOU+"

抖音直播间的基础付费引流工具是"DOU+"。"DOU+"是一款直播的加热工具，直播团队利用"DOU+"可以将直播推荐给更多的兴趣用户，提升直播间的人气、"粉丝"数及互动量。

"DOU+"的投放需要审核。因此，直播团队可以在直播前使用"DOU+"预先进行投放设置。其方法是，点击"开始直播"页面的"DOU+直播上热门"，进入设置页面，选择下单金额，设置"你更在意"（投放目标）、"你想吸引的观众类型"和"选择加热方式"等，支付对应金额之后即可完成投放，如图 8-17 所示。

图 8-17 "DOU+"投放设置

当然，如果在直播过程中，直播团队对用户互动量不满意，也可以进行"DOU+"投放。其方法是点击直播页面右下角的"…"选项，进入"更多"页面，选择"DOU+上热门"，如图 8-18 所示，进入投放设置页面，设置完成后支付对应金额即可完成投放。

图 8-18 选择"DOU+上热门"

2. 抖音推广直播间的定向投放模式

目前，"DOU+"支持两种定向投放模式，即系统智能投放和自定义投放。

（1）系统智能投放

系统会智能选择可能对该直播感兴趣的用户，如与直播账号有过历史互动的人群及相似人群、直播账号粉丝的相似人群等，并将该直播展现在其推荐页。

（2）自定义投放

自定义投放是指直播团队自主选择想要推荐观看该直播的用户类型，可以选择用户的性别、年龄、地域等。需要注意的是，如果定向选择的范围过窄，可能会导致兴趣用户的流失。因此，直播团队需要在有明确业务及目标用户的基础上，再选择自定义投放。例如，主要分享护肤知识的直播间，由于其主要目标用户是女性用户，因此直播团队可以选择通过自定义投放锁定目标用户。

3. "DOU+"的高效投放技巧

为了高效地投放"DOU+"，直播团队需要做到以下两点。

（1）明确投放目标，精准投放

在投放"DOU+"之前，直播团队需要先设定一个明确的投放目标。例如，投放目标是提升直播间的人气、提高直播间的粉丝数，还是提高直播间的互动量。明确投放目标后，才能确定以何种方式进行投放。例如，在开播前投放"DOU+"，可以为直播间引流，提升直播间的人气；而在直播过程中投放"DOU+"，则主要用于提升用户进入直播间后的互动效果，为直播间"涨粉"。

当前，以内容为主的直播间适合投放"DOU+"，以营销为主的直播间则适合投放"小店随心推"，二者操作方法类似。

（2）选择直接加热直播间

在投放"DOU+"时，有两种加热方式可供选择：一是"直接加热直播间"，二是"选择视频加热直播间"。一般来说，直播团队可优先选择"直接加热直播间"。相对来说，"直接加热直播间"有三个方面的作用：首先，直播团队在创建投放计划后，不需要等待视频审核通过，即可立即开始加热，从而以更快的速度为直播间引流；其次，在投放计划开始后，用户在推荐页浏览时，会看到正在直播的内容，用户如果对直播内容感兴趣，点击屏幕即可进入直播间；最后，由于用户是因为感兴趣才进入直播间的，因此，从推荐页进入直播间的用户更可能是精准用户。

课堂讨论

作为抖音用户，对于系统为你推荐的直播内容，你的兴趣度如何？

8.3.3 快手直播付费引流

在快手平台进行直播，直播团队也可以进行付费推广。

在快手平台进行直播推广，直播团队在开播页面点击"上热门"，即可进入"直播推广"页面，如图 8-19 所示。

图 8-19 快手"直播推广"页面

在"直播推广"页面，直播团队需要先设置推广模式，系统默认选择"自定义推广"，直播团队可自行设置推广信息。

直播团队要选择"希望提升"的项目（推广目标），如"观看数""涨粉数""互动数"等。需要注意的是，系统预期增加的观看数、粉丝数等，是推广可能引入的最大数量，但实际数量可能会比预计数少。不过，预期增加数越多，直播间的引流效果往往越好。因此，在直播高峰期，直播团队也可以增加直播预算，以快速提升直播间的人气。

设置出价方式时，可选择"智能出价"，系统就会在合理价格区间内尽量加热直播间；若选择"自定义出价"，系统在投放时会尽量不超出预设的单价，当预设单价较低时，投放效果可能会不理想。

选择投放内容时，有"直播间""直播间+视频""视频"三种。不同的投放内容，有不同的优势。其中，在"直播间+视频"和"视频"选项中，直播团队可以选择专为直播准备的预告短视频，或者热度最高的短视频，吸引观看短视频的用户进入直播间。

选择推广人群时，可在"智能优选""达人相似粉丝""和我相关的人""自定义人群"中选择一种，如图 8-20 所示。投放时长则一般选择与直播时长相近的时长，这样投放效果更佳。

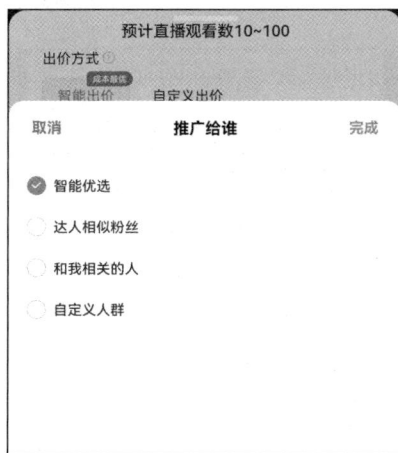

图 8-20　选择推广人群

课堂讨论

作为快手用户，对于系统为你推荐的直播内容，你的兴趣度如何？

8.3.4　视频号直播付费引流

视频号直播，是微信生态的一部分。视频号本身并没有官方发布的直接付费引流的渠道，但直播团队可以通过微信生态内诸多环节的"付费"运营，为视频号直播间接引流。

在视频号平台进行直播，直播团队可以通过自媒体大号付费引流、社群群主付费引流、给粉丝发福利引导扩散为直播间引流。

1. 自媒体大号付费引流

自媒体大号，即拥有很多粉丝的自媒体账号，如微博账号、微信公众号账号、头条号等。对于视频号直播运营来说，最有合作价值的自媒体大号是在微信生态之内拥有很多粉丝的微信公众号账号。

这是因为，视频号的直播预告信息可以嵌入微信公众号发布的文章中。用户在阅览微信公众号文章时，可以看到视频号直播宣传图；也可以看到视频号的引流短视频，点击引流短视频，一键跳转到视频号观看引流短视频、关注视频号、点赞短视频，以及预约观看直播；还可以在微信公众号文章中直接点击"预约"设置直播开播提醒，在直播即将开始时就会收到微信"服务通知"推送的"直播开播提醒"。

直播团队通过微信公众号为视频号直播付费引流，需要先筛选合适的微信公众号账号。一般情况下，直播团队需要通过查看微信公众号账号的粉丝数、文章阅读量、点赞量等信息，判断账号的质量；也需要评估该账号日常发布的内容，判断其粉丝群是否为直播间的目标用户。

筛选出合适的微信公众号账号后，直播团队可以自己制作引流文案、引流短视频或引流文章，请合作账号嵌入文章中或直接发布；也可以提出引流内容要点，提供素材，由合作账号制作内容并发布。

相对而言，利用微信公众号进行引流的效果还是有保障的，不过合作价格也较高。因此，这种模式比较适合已经有很多直播营销经验的直播团队；对于新手团队来说成本过高，不太适合。

2. 社群群主付费引流

社群群主付费引流，即直播团队与有很多活跃社群的群主进行合作，在其社群中投放直播预告内容，为直播间引流。

在社群中投放直播预告的形式比较灵活，可以是海报、短视频、文章等。直播团队在别人的社群中投放直播预告信息，为了提升效果，需要掌握以下三个操作技巧。

首先，群主先在社群中对直播团队进行主动介绍和信任背书。因为社群的社交关系更强，用户黏性也更强，群成员对群主推荐的信息认可度和接受度也都更高。

其次，直播团队应先发红包再自我介绍。在被群主拉入社群时，直播团队需要发一个红包给群成员当"见面礼"，在激发社群活力的同时，再进行有条理的自我介绍。

最后，直播团队发红包请群成员观看直播。做完自我介绍及直播预告之后，直播团队需要再发一个红包邀请群成员关注视频号账号、进行直播"预约"，以及邀请群成员进入直播间观看直播。

当然，对于粉丝价值大的社群，直播团队在合作结束后也可以派人常驻社群，时不时发红包或分享有价值的内容，通过长久的"利他"或"互助"相处，获得群成员的认可，从而让后续的直播活动或其他营销活动能得到更多群成员的配合和支持。

3. 给"粉丝"发福利引导扩散

依托于拥有 100%熟人关系链的微信，直播团队可以借助"朋友看过的直播"使视频号直播信息实现快速扩散。

"朋友看过的直播"会显示在视频号"直播"页面的推荐中。目前的内容呈现机制是，一个微信用户关注的视频号正在直播，或者从任何一个渠道进入过这个直播间，该微信用户的微信好友可能在推荐位看到直播信息。这个呈现机制意味着，直播团队在视频号进行直播，多一个用户进入直播间，就可能多一波流量。

为了更好地利用这个呈现机制，直播团队可以在直播前将多种引流方式相结合。例如，编写预告直播内容的微信公众号文章和制作内容精彩的引流短视频，在视频号发布引流短视频，同时在画面中或画面外提醒用户关注视频号、设置引流文章链接、设置直播"预约"（见图 8-21），引导更多视频号用户关注账号，了解直播内容，以及预约直播，等开播时，直播信息就能实现更快速的裂变、更大范围的曝光。

此外，直播团队还可以在视频号中发布短视频引导用户加入粉丝社群（见图 8-22），在直播开始时，在粉丝社群发放红包引导群成员分享直播内容至朋友圈，从而吸引群成员的朋友们进入直播间。

相对来说，给粉丝发福利来引导直播信息扩散，是一种成本可控的低成本推广方式，因而更适合预算有限的新手团队。

图 8-21　引流短视频

图 8-22　引导用户加入粉丝社群

课堂讨论

作为微信用户，对于视频号为你推荐的直播内容，你的兴趣度如何？

思考与练习

1 直播引流的渠道有哪些？各个渠道的引流形式是什么？
2 如何选择直播引流内容的发布时间和发布节奏？
3 设计引流文案标题的方法有哪些？
4 引流短视频的内容形式有哪些？
5 引流文案包括哪些类型？各有什么作用？
6 简述视频号直播付费引流的方式。

PART 09

第 9 章
直播间的营销管理

知识目标

➢ 了解直播营销的话术设计。

➢ 了解直播间的氛围管理方法。

➢ 了解直播间的促销策略。

➢ 了解直播间用户管理与突发事件处理。

素养目标

➢ 运用新技术提高直播间的运营效率，推动直播电商创新发展。

➢ 加强直播间管理人员队伍建设，提高政治意识、业务能力和服务水平。

➢ 围绕人民需求开展管理，让直播惠及更广泛群众。

　　直播是镜头前的实时营销活动，主播的一举一动、一言一行都被用户看在眼里。在直播间，主播往往需要快速反应、机智应对。本章将详细介绍直播间的营销管理技巧，包括营销话术的设计、氛围的营造、弹性促销策略及用户管理与各类突发情况处理等，以帮助主播或直播团队在直播舞台自信、稳妥地展现魅力，有效实现直播营销转化。

9.1　直播营销的话术设计

直播团队需要提前设计好直播营销话术，以便让进入直播间的用户在很短的时间内了解"直播间在销售什么商品""这件商品好在哪里，如何体现"，以及"今天有什么福利"。

9.1.1　直播营销话术的设计要点

采用直播营销话术的最终目的是获得用户对主播和主播所推荐商品的信任与认可，让用户意识到自己的消费需求，从而产生购买行为。直播团队设计直播营销话术需要根据用户的期望、需求、动机等，以能够满足用户心理需求的表达方式来展示商品的特点。直播团队设计直播营销话术，需要考虑以下五个要点。

1. 话术风格应符合主播的人设

主播的人设不同，在直播间的说话风格也应有所差别。

例如，"专家"或"导师"人设的主播，需要传递干练、理性的感觉，说话应简洁明了，不过多重复；有"高情商"人设的主播，则需要多使用鼓励、赞美和"自嘲"式的话语；有"朴实"人设的主播，语言要平淡，尽量不使用华丽的词语，但需要把平淡的话语说出深意，以显现"大智若愚"的感觉；有"才女"或"才子"人设的主播，其词汇量要丰富，措辞要准确，点评事件要精准；等等。

2. 介绍商品特点时多使用口语化的表达

商品的文案风格多是严肃而正式的。在直播间，如果主播直接念品牌方撰写的商品文案，用户可能记不住商品的特点。如果主播能将这些文案用一种更符合日常交流情景的口语来表达，可能更容易让用户了解商品。

例如，某品牌智能摄像头的文案是"无惧黑夜，高清红外夜视：采用 8 颗 OSRAM 专业纳米环保 LED 红外补光灯，夜间在全黑环境下也能呈现高清画质"。在直播时，主播不必去念文案，只需用更通俗的话语说清楚，为这段文案的关键内容描述一个使用场景。主播可以说："这款摄像头，因为有红外夜视，晚上即使关了灯，拍的视频也是很清楚的。"

这种浅显易懂的日常话语，加上直播现场的操作演示，能够让用户更容易了解商品的使用价值，从而更容易产生购买行为。

3. 话术需要搭配合适的情绪表达

直播就像电视节目，主播就如演员，演绎到位才能吸引用户。演绎到位意味着，主播不仅要说好"台词"，还需要为"台词"配上能打动人的面部表情和丰富的肢体动作。

试想一下：如果主播情绪平淡地说着商品的某些特点，用户会接收到什么信息？而如果主播在介绍商品时面露兴奋，语调欢快，用户又会接收到什么信息？答案显而易见，用户会感到前者所说的商品"没什么特别之处""主播都懒得介绍"；而后者所说的商品，可能真的是"值得买"的商品。

可见，在直播间，主播在介绍商品时的情绪，如兴奋、激动等，远比"台词"本身更有感染力。

当然，对于普通人来说，如果内心平静，面部表情和肢体语言也就不容易做到"激动""兴奋"。因此，主播要尽可能站在用户的角度去看待商品，去发现商品的独特价值。

4．不同的话术需要不同的语速

主播在直播间推荐商品时，语速不能太慢，慢语速适应不了用户获取更多信息的需求，也容易给用户留下无精打采、懈怠、拖沓的印象；但语速也不宜过快，过快的语速会让用户听不清内容，来不及思考，影响内容的接收。

对于日常生活中非常熟悉的语言，在几秒的时间内，人耳的接收程度可以达到每秒七八个字；而在较长的时间内，人耳的接收程度是每秒四五个字，即每分钟 240～300 字。不同年龄、不同文化程度、不同职业的用户，对语言的理解能力是不同的。因此，如果按照兼顾大多数用户的原则，每分钟 250～260 字的语速是比较合适的。

在此范围内，主播还可以根据直播内容灵活切换语速。例如，在催促用户下单时，语速可以适当快一些，提高到 280 字/分钟左右，以营造紧张的气氛；如果要讲专业性较强的知识，语速可以稍微慢一些，降低到 240 字/分钟左右，以体现内容的权威性；讲到关键之处时，可以突然放慢语速或停顿，以提醒用户注意倾听。

5．整场话术设计要有节奏感

一场直播从开始到结束，从氛围的角度，可分为"开端""舒缓""提神""释放"四个阶段，每个阶段的话术所对应的作用依次是"吸引用户""舒缓情绪""刺激下单""留下悬念"。直播中四个阶段的话术目的及要点如表 9-1 所示。

表 9-1　直播中四个阶段的话术目的及要点

阶段	话术目的	话术要点
开端	让用户对直播间产生良好的第一印象	用热情的话术欢迎进入直播间的用户，用互动感强的话术活跃气氛，用有吸引力的预告话术为用户打造期待感
舒缓	舒缓直播间的紧张气氛，舒缓主播和用户的情绪	主播通过讲笑话、唱歌、聊天等形式，缓解直播间的紧张气氛，拉近主播和用户的心理距离
提神	活跃气氛，吸引流量，促成转化	以兴奋的、激动的语气和话语进行抽奖送福利、惊喜价促销、"宠粉"促销或推出让用户兴奋的高品质商品等活动
释放	提升用户的满意度，为下期直播积累用户	真诚地向用户表示感谢，提升用户的满意度；介绍下期直播最有吸引力的商品和活动，让用户对下期直播产生期待

看一场知名主播的"带货"直播，看一看主播在介绍不同商品时的面部表情和肢体语言有什么特别之处。

9.1.2　直播开场话术设计

开场是直播的重要环节，是决定用户是否会留下来的关键时间段，即使是简短的开场，也需要调动直播间的气氛，否则主播将无法在后续的直播中取得良好的效果。一个良好的开场是展示主播风格、吸引用户的关键。

1．暖场欢迎话术

在正式开始直播前，用户陆陆续续进入直播间，主播需要用一些话术来暖场。可参考的暖场欢迎话术如下所示。

- 欢迎朋友们来到我的直播间，主播是新人，希望朋友们多多支持、多多捧场哦！
- 欢迎各位同学，大家晚上好，大家能听见我的声音吗？已经进入直播间的朋友们可以在评论区回复"1"。我看到××已经来了，你好。
- 感谢××的小红心，欢迎关注××，每周六晚上8点有免费公开课。
- 废话不多说，先来抽一波奖！
- 欢迎大家来到直播间，大家正在听的不是一般的课程，而是一年一度的官方最佳精品课程！
- 首先欢迎大家来到我们××的世界，今天是一个需要改变的日子！
- 大家好，欢迎来到××直播间！
- 欢迎××进入直播间，这名字有意思啊，是不是有什么故事？
- 欢迎××进来捧场，看名字应该是老乡。
- 欢迎××的到来，我直播间第一次见到这么厉害的账号，前排合影留念啊！
- 欢迎××来到直播间，每次上播都能听到你的声音，特别感动，真的。
- 喜欢我的朋友们请动动你们的手指，点击"关注"按钮，就能常常来看我的直播啦！
- 欢迎大家来到我的直播间，接下来正式给大家带来今晚的干货哟！

2．自我介绍话术

直播时，通常会有很多新用户进入直播间。因此，主播需要做一个能够展示个性的自我介绍，从而让用户快速记住。可参考的自我介绍话术如下所示。

- 秋叶"Word姐"的自我介绍：大家喊我大宝、喊我"Word姐"都可以，"Word姐"是我的艺名。有个小传统说一下，凡是Word学得好的同学，可以点播一首歌，我下课唱给你们听。

- 秋叶大叔的自我介绍：我是秋叶老师，他们说课讲得好的老师一般普通话不太好，请大家多多体谅；我是秋叶老师，给大家看看我最近做的一个 PPT 作品，就是最近在阿里发布会上的一张 PPT；我叫秋叶，从事教育行业有 20 年的时间，我们的网课帮助全国上百万年轻人学 Office、学职场技能，让他们找到工作，升职加薪，甚至自主创业；大家好，我是秋叶大叔，就是微信公众号"秋叶大叔"的那个秋叶大叔。

3. 正式开场话术

正式开场时，主播可以先向用户透露与用户相关的利益，从而留住用户。可参考的开场话术如下所示。

- 效果引导：今天晚上 60 分钟的课程，我会给大家分享三个经验；关于我讲的这门课，我的一个在企业上班的朋友说："如果在大学提前学到，就不用上班后交那么多'学费'了。"今天给大家分享几个汽车保养小技巧，你学会了也可以成为汽车保养达人。
- 福利引导：废话不多说，先来抽一波奖；今晚有福利环节，肯定给大家发红包。
- 目标引导：欢迎大家来到我的直播间，今天晚上我要给大家分享的课程是 45 分钟的 Word 课，帮你轻松搞定毕业论文的排版。

课堂讨论

看一场知名主播的直播，看一看主播和助理在直播开场时使用了哪些话术。

9.1.3 直播互动话术设计

互动氛围好的直播间，能给用户带来身临其境般的参与感和互动乐趣。本小节将重点介绍引导关注、引导点赞、引导评论及引导抽福袋等互动话术，帮助直播团队增强内容的互动性，从而增强用户的参与感和黏性。

1. 引导关注话术

主播及助理需要在直播过程中引导用户关注直播间，从而将直播平台的公域流量转化为私域流量。可参考的引导关注话术如下所示。

- 喜欢我们就请关注我们的直播间哦！
- 关注我们的直播间，我们每晚 8 点在直播间不见不散！
- 关注我们的直播间，待会儿我们有抽奖哦！
- 想学习更多关于××的知识，关注我们的直播间，每天直播都有新干货哦！
- 今后直播间还会给大家带来非常多的好东西，一定要先关注我们的直播间哦！
- 谢谢大家的关注，如果喜欢我们团队的直播，记得分享给你身边的朋友哦！

- 欢迎××进入直播间，点关注，以后更容易找到我们的直播间哦！
- 欢迎朋友们来到我的直播间，主播是新人，希望朋友们多多支持、多多捧场哦！
- 刚刚进入直播间的同学，记得点击一下屏幕上方的订阅按钮，每次有福利，我们会第一时间通知您！
- 今天我们会在关注直播间的小伙伴中，抽出一个大奖，还没关注的同学赶紧关注哦！

2. 引导点赞话术

点赞量体现了直播间的人气。当直播间人气不足或下滑时，主播可通过如下话术加以引导。

- 我今天这个造型好不好看？觉得还可以的话，大家点个赞鼓励我吧！
- 用过这款商品的伙伴，觉得好用的请帮主播点个赞，给个认可！
- 朋友们，接下来我们来玩个猜价格游戏，对于猜对的小伙伴，大家一定要为他们点赞，拿出我们的热情来哦！
- 这道菜的做法大家学会了吗？学会了的伙伴，请你点个赞，让主播知道你已经学会啦。
- 直播间的朋友们，我今天的搭配大家喜欢吗？喜欢的记得点个赞哦！你们的点赞会给我带来好心情呢！
- 今天的直播为大家准备了三次抽奖。咱们第一次抽奖，在 5000 个赞的时候！到 5000 个赞的时候，你们记得提醒我来给你们抽奖哦！
- 收到大家的点赞了，大家太热情了，主播真的好感动啊！不为大家献上点福利怎么行呢，接下来……

3. 引导评论话术

引导评论指引导用户在评论区留言。在"带货"型直播中，主播引导用户在评论区发布与商品相关的评论，既有利于提高互动率，又有助于直播间成交。主播可以引导用户就一些常见的情景进行评论，如下所示。

- 这款粉底液你们用过吗？快在评论区跟我分享使用经验吧，我特别想听听你们的反馈！
- 这个眼影色你们喜欢吗？快在评论区告诉我哦，我会认真看每条评论的！
- 说到婺源，直播间有朋友去过吗？快在评论区分享你的旅行经历吧！
- 我今天分享的育儿知识，有想补充的吗？记得来评论区一起讨论哦！
- 朋友们，你们喜欢什么颜色，公屏上告诉我一声，我想了解你们的喜好！
- 不知道拍什么尺码的朋友，请把身高、体重发在评论区，我为大家一一推荐尺码哦。
- 直播间的朋友们，拍过短视频的朋友请在评论区发"1"，没有拍过的请发"2"。

- 这件衣服共有四种颜色，分别是蓝色、白色、黑色和橙色，大家想看哪种颜色呢，请在评论区告诉我。

4. 引导抽福袋话术

福袋是直播中常用的互动工具。为了达到更好的互动效果，主播在引导用户抽福袋时，要全方位地塑造福袋的价值，让用户觉得"抽到就是赚到"，示例话术如下。

- 福袋里的这份资料，是我花 19 800 元参加×××课程学到的、与理财相关的知识精华！抽到的朋友一定记得拿回去好好看，看完了你肯定会感谢我。

- 福袋里是一个价值 499 元的空气炸锅，虽然是免费送给你们的，但是品质真不赖，你们回去看一下它的工艺、效果就知道了，我们是实打实地送好东西。

- 大家可以按照这个福袋里的笔记步骤，检查自己在打造个人品牌的路上已经具备了哪些资源、还需要调整和增加哪些方面，把自己的定位弄清楚。

- ×××新款的手机大家买到了吗？还没买的朋友注意了，主播今天不卖了，免费送！手机就在福袋里，一共送出 10 台，大家快领福袋吧。

> **课堂讨论**
>
> 观看直播时，你参与过直播互动吗？是什么因素促使你参加互动的呢？

9.1.4 商品讲解话术设计

主播进行商品介绍时需采用一定的策略，常见的策略有 FAB 法则、生动描述法等。

FAB 法则，即属性（Feature）、作用（Advantage）、益处（Benefit）的法则，在销售领域经常被用到。主播按照这样的顺序介绍商品，对话术进行排序，有助于让用户信任主播介绍的商品并达成交易。表 9-2 所示为利用 FAB 法则介绍商品的要点。

表 9-2　利用 FAB 法则介绍商品的要点

法则	介绍要点	举例（以介绍一款手机为例）
属性	该商品本身所具备的功能与特征	手机在设计、屏幕、电池、处理器、摄像头等方面的配置
作用	基于属性，该商品能够给用户带来的用处	外观设计——手感好；屏幕——清晰度高、护眼；电池——容量大、充电快；处理器——手机运行快；摄像头——拍照效果好
益处	该商品给用户带来的利益	这款手机，在什么样的使用场景中，可以给用户带来哪些独特的好处

可见，FAB 法则的逻辑即为"因为……（属性），所以……（作用），这意味着……（益处）"。这样的介绍模式，符合用户的思维习惯，因而会让用户觉得主播对商品的介绍有理有据、有说服力。

生动的描述，是影响用户对事物的认知和判断的一个重要因素。从心理学上看，相对于平淡的信息，生动的信息更容易被提取，也更容易被回忆起来，因而，用户在判断和决策时会更容易受生动信息的影响。在直播间，主播可以通过营造场景、参照与类比等方法提升商品介绍的生动性。例如，主播介绍某品牌口红时，会说口红的质地有"红丝绒蛋糕"的感觉；在介绍某品牌面霜时，会说面霜的触感"像冰淇淋融化后的触感"；等等。

以下为介绍商品时的具体话术。

1. 氛围话术

氛围话术，即主播通过一定的话术调动用户的情绪，以及让直播间的购物气氛保持活跃。可参考的氛围话术如下所示。

- 我们直播间的商品比免税店的商品还便宜！
- 朋友们，你们准备好了吗？3、2、1，链接来喽！
- 天呐！这也太好看了吧！好好看哦！
- 学完这门课，真的，你的领导不会再嫌弃你的×××了！
- 你看看我的眼睛，我像不像你导师生气的样子？
- 这个真的好省钱啊！价格整整便宜了一半！
- 当你下次汇报工作的时候，你就用这个功能，一秒搞定，让领导目瞪口呆！
- 这款商品的日常价为179元，到手价为139元，我们还会送好多赠品……
- 还有7000个，还有3000个，好了，没货了，卖完了。

2. 荐品话术

荐品话术，即商品描述话术，是主播告知用户一款商品的亮点在哪里，和其他竞品相比好在哪里所用的话术。可参考的荐品话术如下所示。

- 走在大街上，人们都想多看你一眼！
- 阳光照到皮肤上的时候，皮肤上呈现出非常漂亮的光泽感。
- 我从来没有感受过这么薄的唇釉。
- 这是下过小雨的森林里的味道。
- 果肉很新鲜，不是风干的那种，酸酸甜甜的口味，你们会很喜欢吃。
- 可以买给家长，爷爷、奶奶、爸爸、妈妈都会喜欢，完全不会有油腻的感觉。
- 我非常喜欢吃，性价比超高，你买回去，你妈妈肯定夸你非常会买。

3. 导购话术

导购话术，即主播告诉用户为什么要买这款商品，为什么现在就要下单所用的话术。可参考的导购话术如下所示。

- 这个是××（主播）还没推荐的时候，他们家就卖得特别好的商品！旗舰店已经销售2万份了！
- 这款商品在小红书有10万篇"种草"文章，只要你买过，你就会想把这款商品推荐给身边的人！

- 之前我们在直播间已经卖了 10 万套这款商品了！
- ××（主播）一直在用的商品，真的特别好用！
- 我已经用了 10 盒，出差也天天带着！
- 这个商品在开售之前，已经有 10 万人提前加入购物车了！
- 超市 49 元一盒，××（主播）直播间 39.8 元就能买两盒！
- 买它，超划算！

4. 催单话术

催单，也是导购的一个环节。关键是主播如何用话术给用户制造紧迫感，促使用户马上做出下单购买决策。可参考的催单话术如下所示。

- 能加货吗？我们再加 1000 份，最后 1000 份啦，赶紧下单哦！
- 这款商品今晚我的直播间，只有×万份，卖完就没了！
- 今天晚上××（主播）直播间的商品，价格真的很优惠，可能以后再也不会有这样的价格了！
- 原价 138 元一瓶，××（主播）直播间 108 元两瓶！
- 这款商品数量较少，如果看中了一定要及时下单，不然等会儿就买不到啦！
- 这次活动的力度真的很大，错过真的很可惜！
- 还有最后三分钟哦，没有买到的赶紧下单哦！
- 刚刚放出来优惠，就已经有×××人抢着报名了，这些朋友，你们真有眼光。
- 不想错过优惠的朋友，剩下的名额不多了。今晚 12 点过后，就恢复原价了。

5. 转场话术

主播推荐完一款商品，需要自然过渡到推荐另外一款商品或进入下一个环节，这时就需要使用转场话术。可参考的转场话术如下所示。

- 下一节我们要讲×××，也很实用！
- 好，我们来看下一个商品——×××（商品名称），××（主播）特别喜欢！
- 下面我要教大家 1 分钟搞定×××，这招在职场特别有用，因为能解决很多问题。
- 好，那我下面教你们一招好不好？学会这一招呢，就能够搞定×××。
- 讲到这里我突然想起一个故事，让我来讲给你们听听。
- 好，我跟大家说一个案例，这个案例呢，可能每一位观众都特别有感触。
- 好，我们再来玩一个很简单的游戏。
- 你们知道吗？我们前段时间又收到一个小伙伴的信息。
- 再跟大家讲一点儿干货。
- 来，我给大家看几个例子，你们就知道做××真的好简单！

- 现在给大家讲一个办公时经常会遇到的挑战。
- 我最近在朋友圈还看到一个非常有意思的广告。
- 好，下面我们看一下这个问题，你们会用多长时间解决？
- 刚才提到的问题，我听到好多人都说不知道，来看一下……

6. 互动话术

互动话术，即主播引导直播间的用户与自己互动，包括点赞、转发、在评论区留言。可参考的互动话术如下所示。

- 今晚，××（主播）就是来送礼物的，我争取今天晚上一个小时送完，好吗？
- 今天我邀请了一个神秘嘉宾来到我的直播间，大家猜一猜会是谁。
- 认识××（主播）和××（嘉宾）的在评论区扣"1"，不认识××（主播）和××（嘉宾）的扣"2"。
- 各位同学，你们回忆一下，自己童年最高兴的时候，在评论区用一句话描述一下！
- 现在直播间有1.59万人，到1.6万人，我截图送个大奖，好不好？大家把直播链接分享出去！
- 大家在评论区发"一年顶十年"，小助理截图，截到的同学，全部中奖，好不好？
- 你们觉得这个方法好用吗？那你觉得你学得会吗？
- 我给大家准备了一个Word水平等级小测试，非常简单。我们可以一起来看一下，好不好？

7. 提升用户价值感的话术

主播如何让用户觉得在直播间学到了知识或买到了好物，并且下次还想来？这就需要主播提升用户观看直播及在直播间互动的价值感。可参考的提升用户价值感的话术如下所示。

- 下面××（主播）说的每句话都特别重要，大家一定要认真听！
- 学习的目的是什么？不是我告诉你知识，而是我引导你发现，知识原来很有趣。
- 没有比学会Word更实用的职场技能了，学到就是赚到！
- 学会这些内容还可以解决你的×××问题，一通百通！
- 这就是我们讲的第1个快捷键，在我们Excel训练营里，我们必须让你们学会100个快捷键！
- 什么是学习，什么是成长呢？那就是你了解一个未知的领域，并且通过它找到一扇全新的"大门"，今晚我们就来打开这扇"大门"。
- 遇到问题要直面问题，不要把Office想得有多难，跟我学，就会了。
- 如果你们把这个方法用到工作中，领导会不会觉得你做得很棒？其实如果能够早点学会，你就能早点得到领导的肯定，而很多人没有意识到这一点。

8. 引导认同话术

主播如何用话术引导用户认可自己的观点或推荐的商品，让其产生认同感与信任感？可参考的引导认同话术如下所示。

- 大家觉得刚才我说的对不对？
- 有没有道理？有道理吧！
- 同不同意？同意吧！
- 你要不要做×××，那你要不要用到×××？
- 我还要强调一遍×××。
- 刚才给大家推荐的这本书，大家觉得实用吗？
- 大家觉得刚才教的方法，好不好用？
- 你在工作中有没有遇到过这样的问题？很简单，记住三步，方便吧！
- 你觉得秋叶老师给大家拆解的方法好懂吗？——好懂！那你觉得这个方法你学不学得会？——学得会！
- 大家说好还是不好呢？如果觉得好，请一起点赞！

> **课堂讨论**
>
> 看一场知名主播的"带货"直播，看一看主播和助理在推荐商品环节使用了哪些话术。

9.1.5　直播收尾话术设计

直播的结尾也非常重要。在结束阶段，主播及助理需要感谢用户的点赞、转发和关注，感谢给主播送礼物的用户，也需要预告下一场直播。可参考的直播收尾话术如下所示。

- 大家尽量早点来××（主播）直播间，谢谢你们的支持！
- 我每天的直播时间是××点到××点，风雨不改，记得每天准时来看哦！
- 非常感谢各位朋友的观看，希望今天的分享能让大家有所收获！
- 感谢朋友们今天的陪伴，感谢所有进入直播间的朋友，谢谢你们的关注和点赞。
- 非常感谢所有还停留在我直播间的朋友，没点关注的记得点关注，每天准时来看哦！
- 非常感谢大家，已经看到有 600 多人来到我们的直播间了，希望有更多的朋友来到我们的直播间，也感谢很多朋友的评论。
- 感谢这位朋友给我打赏，那么这位打赏的朋友待会儿可以到微信群提一个问题，我保证给你回答。

- 下次直播给你们送礼物，给你们多送一点儿。
- 下一次直播的商品有哪些呢？有……我们暂时先预告这些给大家。还没关注的朋友，点击直播界面左下角关注一下直播间。
- 觉得我们讲得不错的，记得关注直播间，下一周我们还有×××分享。

课堂讨论

看一场知名主播的直播，看一看主播和助理在直播收尾阶段使用了哪些话术。

9.2 直播间的氛围管理方法

直播时，主播不能只是按照准备好的话术自顾自地介绍商品，还需要根据直播间的实际情况，引导用户积极互动，以提升直播间的互动氛围。在任何一个环节，热烈的氛围可以感染用户，吸引更多的用户进入直播间观看直播，吸引更多用户在直播间参与互动甚至产生购买行为。

直播间的互动玩法主要包括派发红包、送福利和营造群体归属感。

9.2.1 派发红包

主播在直播间派发红包，可以让用户看到具体的、可见的利益，是聚集人气、激发互动气氛的有效方式。

1. 派发红包的步骤

派发红包有两个步骤：约定时间、在直播间发红包。

（1）约定时间

约定时间，即在正式派发红包之前，主播要告诉用户，自己将在5分钟或10分钟后准时派发红包。这样的预告，一方面可以活跃直播间的气氛，另一方面可以快速提高直播间的流量。

在此基础上，主播还可以建议用户邀请更多的朋友进入直播间，参与抢红包的活动。

（2）在直播间发红包

到约定时间，主播就要在直播间发红包。主播可以与助理一起，为派发红包开启倒计时，以增强互动气氛，同时也可以让用户产生领取红包的紧张感。

此外，为了将公域流量转化为私域流量，主播还可以邀请直播间的用户加入粉丝群，并告知用户，主播和助理会于固定时间在粉丝群发红包。

2．在直播间派发红包的策略

直播间的在线人数不同，主播派发红包的方式也有所不同。这里以在线人数不足50人的新直播间和在线人数超过200人的成熟直播间为例，介绍派发红包的不同策略。

（1）在线人数不足50人的新直播间

新直播间前期粉丝数量很少，主播使用派发红包的方式可以提升直播间的人气，缓解直播间在线人数太少、无人互动的尴尬局面。

在人数较少的直播间，主播在推荐完一款商品后就派发一次红包，以延长用户在直播间的停留时长。具体方法是，主播推荐一款商品，待感兴趣的用户下单后，邀请用户加入粉丝群，并说："现在又要开始我们的派发红包环节了，我们马上就会在粉丝群发放大额红包，没有进群的朋友赶紧进群了。进群方法是，点击直播间……朋友们快点进群，主播马上就要发放大额红包了！"

在介绍进群方法时，主播或助理可以拿着手机，对着镜头演示如何进入粉丝群。随后，主播开始10秒倒计时，让粉丝群内的用户做好准备，倒计时结束时发红包。红包发过后，主播或助理可以在镜头前展示抢红包的画面和抢红包的人数。

（2）在线人数超过200人的成熟直播间

一般情况下，当直播间在线人数超过200人时，主播就不需要在粉丝群发红包了。直播间已经拥有一定的人气基础，主播直接在直播间派发红包的效果可能会更好。

主播在直播间派发红包，可以参考以下策略。

首先，主播可以在流量节点或互动节点发红包，如点赞数满10 000时发红包。这样，用户参与转发或互动的积极性会更高，能够更快地提升直播间的人气。需要说明的是，主播不宜在指定的时间节点发红包，以免用户只在指定时间进入直播间抢红包，抢完红包就离开。

其次，红包的金额不能太小，一般不宜少于200元。例如，点赞数满10 000时，主播可以说："感谢朋友们的点赞，主播要发红包了，红包金额不少于200元。朋友们赶紧做好抢红包的准备……"同时，主播或助理可以拿着手机对着镜头演示如何抢红包。可以多次重复，但耗时最好不超5分钟。发完红包之后，主播或助理要对着镜头展示抢红包的数据，让用户知道"有多少人抢到了红包"及"红包金额有多少"，以展示派发红包活动的真实性，激发用户更大的参与热情。

主播在直播间除了发放现金红包以外，还可以发放口令红包。口令红包是指主播在红包中设置输入口令，口令一般是商品品牌的植入广告语，用户需要输入口令才能抢到红包，这样可以增强用户对品牌的记忆。

口令红包可以是现金红包，也可以是优惠券。相对来说，优惠券更有利于销售转化。用户需要按照一定的条件来购买商品才能使用优惠券，因此，在抢到优惠券以后，用户往往会选择购买商品。

9.2.2　送福利

　　送福利也是主播在直播间常用的互动技巧。送福利的首要目标是让用户在直播间停留，提升直播间的互动氛围；其次才是吸引用户关注直播间并产生购买行为。

　　为了实现这两个目标，送福利的设计要遵循以下两个原则。

　　首先，应该选择主播推荐过的商品作为送福利的奖品，可以是新品，也可以是前期的"爆品"，这样奖品对用户才有吸引力。

　　其次，整个送福利的过程要分散，主播不能集中送完福利。主播可以设置多个福利奖品，每达到一个直播节点，如进入直播间的人数、点赞人数或弹幕数达到多少，就送出一个福利奖品。这样，主播就可以多次利用送福利不断地激发用户的参与兴趣，从而尽可能保证整场直播的活跃。

　　基于这两个原则，主播可以在直播间发起三种形式的送福利：连续签到送福利、回答问题送福利、点赞送福利。

1.　连续签到送福利

　　连续签到送福利，即主播按照签到天数抽奖。每天定时开播的主播，可以在直播间告知用户：只要用户连续七天到直播间评论"签到"，并将七天的评论截图发给主播，助理核对评论截图无误后，即可送用户一份奖品。

2.　回答问题送福利

　　回答问题送福利，即主播可以根据商品详情页的内容提出一个问题，让用户到商品详情页中找答案，然后在评论区评论。主播和助理从回答正确的用户中抽奖，被抽中的用户，可以得到主播送出的一份奖品。

　　采用这种送福利的形式，有三个方面的好处。首先，因为用户需要查看商品详情页，寻找答案，所以可以提高商品详情页的点击量；其次，用户在寻找答案的过程中，需要详细查看商品的介绍，从而加深了对商品的了解，提升了购买的可能性；最后，用户通过评论与主播进行互动，也会提升直播间的互动热度。

3.　点赞送福利

　　点赞送福利是指主播给用户持续的停留激励，可以让黏性强、闲暇时间多的用户长时间停留在直播间，而黏性一般的用户也会因为送福利活动而不断地进入直播间，并在直播间点赞。这样就会提高直播间的用户回访量，从而增加直播间的观看人数。

进行点赞送福利时，对于人数少的直播间，主播可以设置每增加 3000 个点赞就抽奖送福利一次；而对于人数多的直播间，主播可以设置每增加 20 000 个点赞就抽奖送福利一次。

相对来说，点赞送福利看起来很简单，但要求主播有较强的控场能力。因为点赞数量达到规定数量的时间不固定，可能会与直播间的促销活动重合。当两者的时间重合时，主播就需要与用户沟通，承诺在完成促销活动之后立即送福利。

此外需要注意的是，针对每一次的送福利，主播都需要做三件事：首先，在送福利之前和之后，都诚意邀请用户关注直播间及加入"粉丝"团；其次，公布本次送福利的结果，即"给谁送出了什么样的福利，价值多少"；最后，告知用户下一次送福利的条件。

课堂讨论

看一场知名主播或知名品牌的直播，看一看主播使用了哪些送福利的形式。

9.2.3 营造群体归属感

归属感指的是个体或群体对一件事物或一个现象的认同，当我们感觉被别人或群体接纳时，就容易认可他们并产生归属感。直播团队可以借助群体的归属感需求留住新进入直播间的用户。

1. 相同身份

主播可在直播中寻找与用户的相同身份，让用户更有归属感。具体而言，主播可从年龄、家乡/居住地、职业、家庭角色等方面切入话题，如表 9-3 所示。

表 9-3　寻找相同身份示例

维度	说明	示例
年龄	根据用户年龄段营造身份认同	"在'80 后''90 后'的童年记忆里,是不是……"
家乡/居住地	根据地区讨论共同话题	"××路最近有家店特别火……"
职业	根据职业和群体讨论关注度较高话题	"作为经常出差的职场人,咱肯定少不了一个容量大、轻便、耐摔的旅行箱……"
家庭角色	从用户家庭角色等发掘共鸣点	"咱作为妈妈……"

2. 相同烦恼

主播还可通过适当"吐槽"，引出与用户的相同烦恼，增进用户的共情。寻找相同烦恼示例如表 9-4 所示。

表 9-4　寻找相同烦恼示例

维度	说明	示例
消费	与购物相关的烦恼或痛点	"网购最怕买了衣服不合适，货不对板，主播曾经买过……"
工作相关	职场人常有的痛点	"加班不容易，有了孩子后加班更不容易，如何提高效率呢？这不……"
技能提升	点出学习方面的难处	"考证，最怕的是没耐心。要是有人一起学习、相互监督，情况就会好很多……"
生活相关	点出日常生活中的痛点，如人际关系、生活习惯、自我管理、生理心理问题等	"总想着抽空锻炼，却总是找不着时间，直播间有和主播有相同困惑的朋友吗？"

3．相同爱好

兴趣爱好是一个适用场景十分广泛的话题，主播可借由兴趣爱好，拉近与用户的心理距离，进一步丰富自己的人设。兴趣爱好覆盖的范围很广，主播可根据直播间氛围，从适合的话题切入，如影视剧、音乐、美食、穿搭、旅游、健身、手工、宠物等话题。

4．重要时刻

主播如主动与用户分享自己生命中的重要时刻，也能让用户进一步敞开心扉。相关话题，如结婚生子、假期节日、特别的纪念日、重大活动、不同阶段的目标等，皆可作为引子，引出用户的参与感与归属感。讨论一番后，主播可再将话题引向直播间商品。

例如，在母婴直播间，主播可邀请用户分享宝宝的成长里程碑时间，如第一声哭喊、第一次翻身、第一次爬行等，这将利于用户敞开心扉，营造愉快的互动氛围，并进一步增强用户对主播的信任。最后，主播再将用户的关注点引向直播间商品。

课堂讨论

有哪些主播或直播间让你产生了归属感？你愿为这种感受下单或复购吗？

9.3　直播间的促销策略

开展促销活动，是提升直播间商品销量的有效方式。然而，由于竞争激烈，各个渠道的商家开展促销活动的周期越来越短，这就导致用户对普通促销活动的兴趣越来越低。因此，直播团队要尽可能策划与众不同的促销活动。

直播团队可以考虑从节日和时令角度来设计促销活动。

9.3.1　节日型促销

直播间的节日型促销，是指利用春节、元宵节、劳动节、儿童节、端午节、母亲节、父亲节、国庆节、中秋节、元旦等节日开展促销活动，以吸引大量用户到直播间购物。

对于各种线上和线下的零售渠道而言，每一个节日都是一个促销机会。但节日不同，促销策略也应有所差异。

开展节日型促销，需要做好以下三方面的工作。

1. 确定促销时间

虽然是节日型促销，但并不意味着促销活动只能在节日当天进行，也不意味着促销活动只有一天。甚至对于某些节日来说，节日当天反而并不是最佳的促销时间。

以春节为例，在春节开展促销，并不是在大年初一开展促销，而是应该在"春节前七天"就开展促销，因为这段时间是人们采购年货的主要时间。

2. 确定促销主题

不同的节日有不同的促销主题设计方法。可供参考的节日型促销主题关键词如表9-5所示。

表9-5 节日型促销主题关键词参考

节日	促销主题关键词	举例
春节	过年、红包、送礼	送给父母的过年礼物，年货节好物清单
元宵节	猜谜	共设谜语××条，猜对谜语赠送礼品
七夕节	浪漫、爱情、甜蜜	七夕节女士礼物篮，七夕节男士礼物篮
劳动节	长假、福利	五一小长假福利，五一小长假低价总动员
儿童节	童年、快乐、回忆	给孩子的礼物，找回童年
母亲节/父亲节	母爱、父爱	给母亲的礼物，给父亲的礼物
教师节	教师	教师节"走心"礼物，致敬可爱的教师
国庆节	国庆、长假	国庆放"价"，国庆福利
中秋节	金秋、中秋、团圆、月饼	金秋"豪"礼
元旦	新年、元旦、跨年	跨年福利大放送

3. 确定促销商品和价格

确定促销主题后，即可依据主题选择符合主题的商品，并确定合适的促销价格。

在此需要注意，促销价格需要有吸引力，但并不是价格越低越好。在促销活动中，让利幅度应控制在合理的范围以内，直播团队要根据直播间的风格定位、商品的价值，制定一个合理的促销价格。如果直播间的定位是推荐高品质的商品，那么超出合理范围的低价，可能还会破坏老用户对直播间的信任——要么觉得直播间以前的商品定价过高，受到了欺骗；要么觉得这次超低价商品的品质可能会差一些。

因此，在确定促销商品和价格时，直播团队要通过准确定位、诚信选品、适当让利的方式让用户觉得在直播间购物是"划算的"，从而相信直播团队。

想一想，对于即将到来的节日，可以策划什么样的促销主题，以及符合这个主题的商品有哪些。

9.3.2 时令型促销

在直播间，时令型促销分为两种，一种是清仓型促销，另一种是反时令促销。

1. 清仓型促销

清仓型促销，是在一个季节过去大半时，将前段时间的热销商品进行一波"清仓大甩卖"，或者是对销量不太好的商品以"甩卖""清仓"的名义低价销售；或者是在新品即将上市时，将上一代商品以"尾货清仓"的名义降价销售；或者是在年底集中进行"年末清仓"。例如，某服装品牌以"年底大清仓"为主题在直播电商平台进行直播，如图9-1所示。

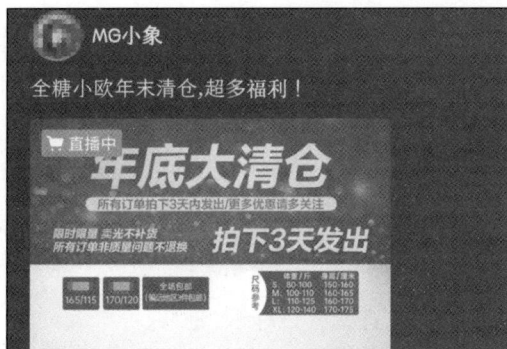

图9-1 以"年底大清仓"为主题的直播

2. 反时令促销

反时令促销，是指销售与季节需求不符的商品。大多数用户都是按时令需求进行消费的，缺什么才买什么。销售商品的商家一般也是如此，即按时令需求供货。这就造成有明显夏季和冬季需求属性的商品，在一年中仅有三个月的销售期。商家错过这三个月，就会造成商品积压。这就增加了商家的经营成本。因此，对于生产厂商而言，其很可能愿意以较低的价格出售仓库里的过季商品。而直播团队与这些商家合作，也就更容易得到有吸引力的价格支持。

而对于不那么注重流行元素的用户来说，能够以较低的价格买到几个月后需要的商品，是很划算的。因此，当主播在直播间以极有吸引力的价格销售这些反季节的商品时，如在夏季销售羽绒服、取暖电器等冬季常用的商品，很多用户往往会因为商品便宜而购买。

当然，这样的促销方式不宜常用。大多数用户的消费观念都是"买新不买旧"。尤其是年轻用户，相对于价格来说，他们更看重的是商品带给自己的心理满足，因而更关注也更喜欢购买新上市的商品。

課堂討論

你和你的朋友，是喜欢购买低价的过季商品，还是喜欢购买高价的新上市商品？

9.4 直播间的用户管理与突发事件处理

直播间是一个实时展现主播与用户互动的平台，也是一个"放大器"，小的优点可能经直播间放大后受到广大用户的欣赏和喜爱，小的缺点也可能被放大后影响主播乃至品牌方。因此，直播团队日常需做好直播间用户管理，特殊情况下，还需冷静、睿智地处理直播间突发事件。

9.4.1 直播间用户管理

吸引用户关注，将用户变成主播或直播间的粉丝，是促进直播转化的基础。庞大的用户关注数量会优化直播间的营销数据，也会提升直播间的商业价值。因此，直播团队需要做好用户运营，以提升用户对主播和直播间的信任度与黏性。

直播团队进行直播间用户管理，首先要了解进入直播间用户的类型及其心理。根据用户在直播间的购物意愿，进入直播间的用户可以分为以下四种类型。不同类型的用户，对直播间的期待是不同的。

1. 高频消费型用户

高频消费型用户，即经常在直播间购买商品的用户。这类用户已经通过长期在线与主播互动以及大量的购买行为，积累了与主播的良好关系。这类用户有稳定且习惯的购物环境和购物预期。对于这类用户，直播团队要做到以下几点。

（1）确保直播间商品品类丰富。这一类型的用户与主播已经构建了黏性较强的关系。这种关系是建立在主播及直播间能给用户带来可靠、贴心的购物体验的基础上的。因此，要维护与这类用户的关系，直播团队需要持续地为这类用户提供丰富的商品。

（2）确保商品质量可靠并拥有价格优势。这一类型的用户经常进入主播的直播间，主要目的是购物。而高质量的商品和较低的价格，是吸引用户在直播间购买商品的主要原因。因此，直播团队要尽可能提供物美价廉的商品。

（3）积极互动。这一类型的用户对主播的直播间兴趣较大，除了上述两个原因之外，还因为他们能在主播的直播间得到一种情感上的满足。例如，用户得到了主播的热情互动，得到了主播的公开认可，或者得到了主播赠送的礼物等。这意味着，主播在直播时如果看到这类用户，更需要与之积极互动，积极回复这类用户的问题，以提升用户对主播及直播间的认可度，增强用户的黏性。

2. 低频消费型用户

低频消费型用户可能已经认识主播很久了，但只是偶尔进入主播的直播间，且在直播间购物的次数也很少。之所以会出现这样的情况，主要原因可能有三点：一是用户不信任主播，担心商品的质量和售后；二是用户没有在直播间看到自己想买的商品；三是经济条件限制，用户觉得直播间商品的价格过高。

基于此，直播团队可以通过以下方法提升这类用户的黏性。

（1）提升用户对主播及直播团队的信任度。主播需要专业而客观地介绍商品的优点及不足之处，以便让用户快速了解某一款商品是否适合自己。

（2）让用户在直播间找到自己喜欢的商品。直播团队不但要提升直播间商品品类的丰富度，还要注意提升同一商品规格的丰富度。例如，对于同一品牌的口红，直播团队可以尽可能提供多种色号；对于同一品牌的外套，直播团队可以提供多种穿搭风格，以满足用户在不同场合的需求；对于同一款零食，直播团队可以提供不同的口味。这样，用户在直播间才能有更多的选择，才可能从中挑选自己喜欢的一款商品。

（3）让在意价格的用户在直播间产生购买行为。直播团队需要时常针对这类用户策划福利活动，如提供新客专属福利、"新粉"专属福利，或者定期抽奖、定期赠送优惠券等，降低这类用户的购物门槛。

此外，对于这类用户，主播还需要在助理的帮助下尽可能快速回复用户提出的问题，以增强用户对主播的好感。

3. 随便看看的平台老用户

随便看看的平台老用户通常对电商直播的模式有所了解，在其他主播的直播间有过购物行为，已经关注过其他一些主播。但他们关注的主播可能在这个时间没有开播，或者关注的主播的直播间没有其想要购买的商品，因而在直播平台随便看看，偶然看到了主播的直播间。

这种类型的用户还没有建立起对主播的认知和信任，对主播推荐的商品还处于观望状态。

对于这类用户，直播团队可以通过以下两种方法让其成为自己的高频消费型用户。

（1）提供新客专属福利。直播团队可以对新用户提供专属福利，如额外赠送商品、价格降低等，以降低其试错成本。

（2）建议其购买性价比高的印象款商品。由于印象款商品的口碑较好，能增强用户对直播间的好感，以及建立用户对直播间的初步信任，因此，直播团队可以用低价、有品质保证、口碑较好的印象款商品吸引用户进行第一次消费，增加其再次光顾直播间的可能性。

4. 直播平台新用户

直播平台新用户可能只是经朋友介绍或受媒体影响才尝试去观看直播。这类用户的习惯购物渠道是电商平台，而不是直播平台。他们还不太了解直播"带货"模式，对直播"带货"主播的信任感也不强，也不太清楚直播间购物的操作流程，不知道如何领取优惠券、参与抽奖。

对于这类用户，直播团队需要做到以下几点，以吸引这类用户在直播间尝试购物。

（1）展现热情和专业性。对于新用户来说，主播的热情互动以及对商品的专业介绍，可以增强其对主播的好感，从而使其对主播产生良好的第一印象。

（2）加强消费引导。这类用户进入直播间，可能是想要尝试在直播间购物。因此，主播对这类用户要加强消费引导，强调在直播间购买商品的优惠，要利用发放优惠券、派发红包、抽奖等方式来降低用户的尝试门槛，增强用户的购买意愿。

（3）积极引导关注。这类用户是直播间的潜在用户，主播要尽可能引导其成为直播间的粉丝，因而要积极地引导他们关注直播间，以便第一时间为其推送直播信息。

> **课堂讨论**
>
> 想一想，你和你的朋友是出于什么原因进入某位主播的直播间的。

9.4.2 直播间突发事件处理

直播间突发事件处理不当，对品牌和团队都会造成较大的负面影响。尤其对于大型直播活动，直播团队应事先做好预案，在突发事件发生时迅速、恰当地应对和处理。

1. 产品设置错误

直播时可能会出现产品设置错误的情况，如价格错误、库存错误、产品信息错误等。如果是在主播讲解产品前发现错误，运营一定要立刻通知主播换品，并把设置错误的产品下架做调整，确保产品无误后再重新上架。如果主播已经在讲解和销售该产品，直播团队一定要齐心协力，力求在不影响用户的前提下，将损失降到最低。产品设置错误的处理方案如表 9-6 所示。

表 9-6　产品设置错误的处理方案

错误类型	处理方案
价格错误	比原定价格高时： 向用户说明情况，下架产品，调对价格后重新上架； 若用户已下单，安排给用户退差价，或请用户退单后重新下单
	比原定价格低时： 为赢得用户信任，继续销售，由直播团队自行承担亏损； 向用户说明情况，下架产品，调对价格后重新上架； 对已下单用户，无须其补差价

错误类型	处理方案
库存错误	一般为设置库存量比实际库存量大，导致超出订单无法及时发货。 与供应链端协调，从其他仓库调货； 若实在无法及时发货，则和用户坦诚沟通原因，并对已下单用户做出赔偿，保障用户合法权益
产品信息错误	第一时间将产品下架，调整好产品信息后再上架售卖

2. 意外断播

直播过程中，可能会因为各种各样的原因，出现意外的断播，这时候直播团队负责人要根据当时的情况及时进行处理。直播意外断播的处理方案如表 9-7 所示。

表 9-7 直播意外断播的处理方案

断播类型	情形描述	处理方案
黑屏	直播间并未关闭，但用户看到不到画面，听不到声音	立刻下播，关闭直播间，检查网络和设备，排查干扰因素后，重新开播
收音故障	用户听不到主播的声音	① 拔掉话筒，用计算机或手机自带的收音装置来收录直播现场的声音 ② 若仍无声，在评论区和用户说明情况后，再下播修整
网络故障	直播画面卡顿、声音卡顿	切换所使用网络，从 Wi-Fi 切换到有线网络或改用手机流量

3. 用户投诉

用户在直播间评论区的留言，会实时影响直播间的氛围，左右直播间其他用户对产品和品牌的信任。因此，当直播间出现用户投诉的时候，直播团队负责人要站出来安抚用户情绪，并安排团队成员妥善处理。处理原则为不在直播间做扩大化处理，尽量争取和用户一对一地沟通，大事化小，小事化了。用户投诉的处理方案如表 9-8 所示。

表 9-8 用户投诉的处理方案

投诉类型	投诉内容	处理方案
老用户投诉	对产品和服务的不满意	① 主播在直播间引导用户找客服解决问题 ② 运营在评论区"@"该用户，让用户知道自己的问题已被关注和处理 ③ 若问题严重或用户情绪激动，直播团队负责人应主动站到镜头前面对用户并表达妥善处理的坚定态度
新用户投诉	认为主播不专业，质疑直播内容的可信度	① 如果主播确实出现专业错误或夸大其词的言行，主播应坦诚向用户道歉 ② 如果主播讲解内容专业且未夸大其词，主播可以正常引导用户互动，用新的评论内容淹没负面意见
恶意攻击主播	使用语言暴力对主播进行人身攻击	场控应坚决地将恶意攻击主播的用户拉黑，保护主播

4. 直播违规提醒

直播中如果出现违规，直播团队会在各个大屏中收到相应的弹窗提醒。当出现违规情况时，直播团队应迅速调查违规原因，并迅速做出调整。

对于一般性的违规行为，直播平台可能只会对直播间发出警告，并不会有其他惩罚措施。这种情况下，如果不是主播的话术或者行为触发了违规警告，直播团队不必提醒主播，以免影响主播的正常直播过程。

但如果是主播不恰当的话术或者行为引发了违规警告，那么直播团队要立即通知主播，告诉主播具体的违规原因，让主播立刻改正相应的话术或者直播行为。

课堂讨论

作为一名直播间用户，你目睹过直播间突发事故吗？主播是如何处理的，你觉得处理方式妥当吗？

思考与练习

1 直播营销话术的设计要点有哪些？

2 假设你是一名主播，请为自己设计一个自我介绍话术。

3 简述在直播间派发红包的技巧。

4 简述在直播间送福利的方法。

5 简述直播间的用户管理方法。

PART 10

第 10 章
直播复盘

知识目标
- ➤ 了解直播复盘的基本步骤。
- ➤ 掌握直播复盘的数据分析方法。

素养目标
- ➤ 运用数字化手段提高复盘效率，推动直播行业创新发展。
- ➤ 规范复盘行为，防止形成固定思维，提升决策科学性。
- ➤ 坚持问题导向，发现问题、分析问题、解决问题，推进工作创新。

　　直播结束后及时进行复盘总结，可以提高后续直播的效果。本章将重点介绍直播复盘的基本步骤和数据分析方法，以期帮读者培养穿透直播间数字表象、识别直播间核心问题的能力。

10.1 直播复盘的基本步骤

直播的结束，并不是一场直播活动的终点，直播团队还需要进行直播复盘。每一个直播团队都应养成定时复盘的习惯。通过直播复盘，直播团队可以找出直播过程中的不足之处，或者提前发现一些未暴露出来的问题，从而查漏补缺，不断地优化直播过程，提高直播成绩。

一般情况下，直播复盘可分为五个基本步骤，即回顾目标、描述过程、分析原因、提炼经验、编写文档。

1. 回顾目标

直播复盘的第一步，是回顾刚刚结束的那场直播的目标。

目标是否达到，是评判是一场直播成功与否的标准。将直播的实际结果与目标进行对比，直播团队就可以知晓一场直播的营销成绩究竟如何。

回顾目标的环节，拆分后有两个小步骤：展示目标、对比结果。

（1）展示目标

在直播之前，直播团队往往已经根据实际情况制定了合适的目标。此时，只需要把目标展示出来即可。

展示目标时，直播团队可以将既定目标清晰、明确地展示在复盘会议中的一个显眼之处，例如写在白板上，或者投射在屏幕上，让团队的所有成员都能看到，实时回顾和对比，从而确保整个复盘过程都是围绕目标进行的。

（2）对比结果

对比结果，即直播团队将直播的实际结果与希望实现的目标进行对比，发现两者的差距。只有了解两者的差距，才能在后续的复盘过程中分析造成这种差距的原因，探究实现目标的有效方法。

在直播复盘的过程中，结果与目标的对比往往会有三种情况：结果比目标好、结果与目标一致、结果不如目标。

由于回顾目标的目的是发现存在的问题，为后续的分析提供方向，因此，直播团队在后续的分析中就需要重点分析：结果与目标不一致的地方在哪里，为什么会出现这样的差距。

2. 描述过程

描述过程是为了找出哪些操作过程是有益于目标实现的，哪些操作过程是不利于目标实现的。描述过程是分析现实结果与目标差距的依据。因此，在描述过程时需要遵循以下三个原则。

（1）真实、客观。直播团队需要对直播的整个工作过程真实、客观地进行记录，不能主观地美化，也不能进行有倾向性的筛选。

（2）全面、完整。直播团队需要提供直播过程中各个方面的信息，而且每一个方面的信息都需要描述完整。

（3）细节丰富。直播团队需要描述在什么环节，谁用什么方式做了哪些工作，产生了什么结果。例如，在直播开播前，哪些人在什么时间、什么平台发布了什么引流内容，这些引流内容分别是什么类型的，观看量有多少，评论有多少等。整个直播过程的细节并不需要全部描述，只有对各种有因果联系的细节，直播团队才需要详细描述。

描述过程时，直播团队可以从直播策划开始说起，按照工作推进的过程，分阶段地进行文字记录，尽可能达到"情景再现"的程度。

需要说明的是，文字记录虽然比口述的操作麻烦一些，却是最合适的描述过程的方法。因为通过文字记录，直播团队的每个人都可以轻易地检查出遗漏的信息、不完善的信息或虚假的信息，并对记录内容进行修改和完善，从而为后续的复盘工作提供一个较为可靠的分析依据。

3. 分析原因

分析原因是直播复盘的核心步骤。直播团队只有把原因分析到位，整个复盘才是有成效的。

分析原因时，在通常情况下，直播团队可以从"与预期不一致"的地方入手，开启连续追问"为什么"的模式。经过多次追问后，往往能找到问题背后真正的原因，从而找出真正的解决办法。

追问"为什么"，可以从以下三个角度展开。

（1）从"导致结果"的角度，问"为什么会发生"。

（2）从"检查问题"的角度，问"为什么没有发现"。

（3）从"暴露流程弊端"的角度，问"为什么没有从系统上预防（事故/糟糕的结果）"。

直播团队从这三个角度，连续追问多次"为什么"，得出的结论可能就是问题形成的根本原因。

4. 提炼经验

经过"分析原因"的环节，直播团队往往已经能够认识到一些问题，甚至还能总结出一些经验和方法。然而，这样归纳出来的经验和方法并不能直接使用，对任何结论都还需要进行逻辑推演，看看是否符合因果关系，即是不是符合"因为做了……，所以出现了结果"。只有符合因果关系的结论，才是可参考的结论，也只有根据符合因果关系的结论归纳出来的经验和方法才是有指导价值的。

进行逻辑推演时，直播团队可以按照各种小结论、工作环节的可控性进行判断。

根据可控程度的不同，可控性可以分为可控、半可控、不可控三个类别。

- 可控，是指直播团队可以控制全部的工作环节和工作成果。
- 半可控，是指直播团队只能控制部分的工作环节和部分的工作成果，还有一些环节和成果是无法控制的。
- 不可控，是指直播团队的工作成果由直播团队之外的其他人或其他事物来决定，完全不由其自己控制。

不难看出，"可控"部分及"半可控环节中的可控"部分，是直播团队可以在之后的工作中改进的部分，可以作为经验保留下来，并用来指导后续的直播工作。而对于"不可控"部分，由于直播团队无法预判结果，其相关结论在下次直播时可能就不会出现，因而就不具备指导意义，也就不能作为经验或方法。

可见，直播复盘的核心，就是要从一场具体的直播中提炼出经验和方法，从而解决直播工作中出现的一个问题甚至一类问题，从而提升直播营销的成绩。

5. 编写文档

编写文档，是将直播复盘过程中发现的问题、原因，以及得出的经验和改善方法，以文字的形式固化下来，编写在册。

表 10-1 所示为复盘文档格式。

表 10-1　复盘文档格式

（复盘主题）关于××（时间）××直播主题的复盘			
复盘直播场次		复盘时间	
直播时间		直播主题	
复盘会议参加人员			
回顾目标			
实际结果与目标对比			
描述过程			
分析原因	（与目标不一致的地方是什么？是什么原因造成的？如何改进？）		
提炼经验			
经验适用范围			

编写文档，看起来只是一个微不足道的环节，但对直播团队补充直播运营知识有非常重要的作用。

首先，编写文档可以为直播团队留下真实、准确的记录，避免遗漏或遗忘。

其次，编写文档将工作过程、工作经验变成具有一定逻辑结构的显性知识，可查阅，可传播，可以避免直播团队在同样的知识上再次支付学习成本。

最后，文档方便存储，也方便提取。直播团队可以在后续工作需要时，快速查看文档，提升工作效率。

此外，文档还有利于直播团队进行对比学习。直播团队不断地将刚刚完成的直播与过去存储的经验文档进行对比，往往可以提升对事情本质的认识，甚至提炼出新的认识事物的方法。

总之，编写文档虽然不是直播复盘过程的核心环节，但却是直播团队学习的一个重要资料来源，是不可或缺的环节。

> **课堂讨论**
>
> 看一场直播，并与同学们一起对它进行一场简单的复盘，看看这场直播存在哪些问题，以及如何改进。

10.2 直播复盘的数据分析

一场直播营销活动往往会产生很多数据，如直播时长、用户停留时长、用户互动数、用户增长数、商品点击率等。这些数据往往反映了一些问题。因此，在直播复盘环节，直播团队需要对这些直播数据进行分析。

10.2.1 数据分析的基本步骤

直播团队进行数据分析有一套比较规范的操作流程，包括四个基本步骤，即明确目标、采集数据、分析数据及编制报告。直播团队需要遵循这个流程进行数据分析。

1. 明确目标

明确目标，即确定数据分析的目标。一般情况下，直播团队进行数据分析有以下三个目标。

（1）查找问题。即寻找直播间数据上下波动的原因。

（2）优化内容。直播团队通过数据分析寻找直播内容的优化方法，从而提升直播活动的营销效果。

（3）优化运营。直播团队通过数据规律推测平台算法，从而提升直播间运营的效果。

2. 采集数据

对于当前的直播行业，直播团队可以通过直播平台账号后台来采集数据。

各个直播平台的账号后台，一般都会有直播数据统计，直播团队可以在直播过程中或直播结束后通过账号后台获得直播数据。

例如，在抖音平台，直播结束后，直播团队可以通过登录"巨量百应"，进入"直播管理"后台，选择需要进行数据分析的直播场次，查看"数据详情"。

图 10-1 所示为某直播间一场直播的成交转化漏斗，达人或商家可通过每两级漏斗之间的转化数据分析哪个环节明显吸引或流失了用户，从而有针对性地调整优化。

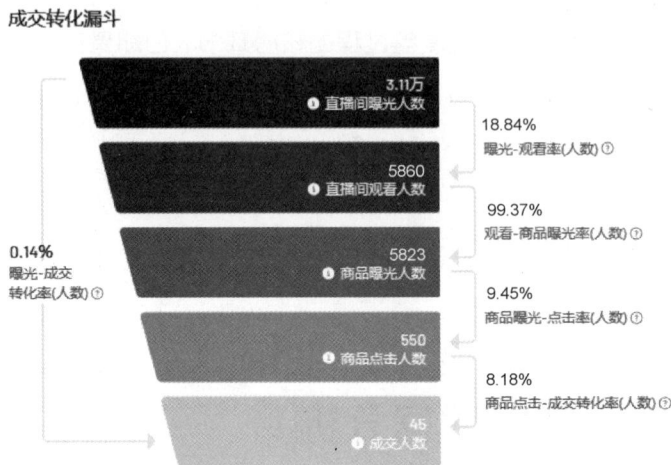

图 10-1　某直播间一场直播的成交转化漏斗

3. 分析数据

直播团队对数据进行整理后，即可进入分析数据环节。目前，常用的分析数据的方法是对比分析法和特殊事件分析法。

（1）对比分析法

对比分析法，是指将实际数据与基数进行对比，通过分析实际数据与基数之间的差异，了解实际数据及查找影响实际数据的因素的一种分析方法。

根据对比基数的不同，对比分析法可以分为同比分析和环比分析。

同比，是指当前时间范围内的某个时间位置与上一个时间范围内的同样时间位置的对比。周同比的示例为"本周一与上周一的对比"，月同比的示例为"12 月 11 日与 11 月 11 日的对比"，年同比的示例为"2024 年 1 月 5 日与 2023 年 1 月 5 日的对比"，等等。

环比，是指当前时间范围与上一个时间范围的数据对比。例如，日环比是指"今天与昨天的对比"，周环比是指"本周与上周的对比"，月环比是指"本月与上月的对比"，年环比是指"今年与去年的对比"。

（2）特殊事件分析法

通过对比分析，直播团队往往可以找出异常数据。异常数据是指偏离平均值较大的数据，不一定是表现差的数据。例如，主播在一段时间内，每场直播的新增用户数在 100～200 个，但本场直播的新增用户数达到 500 个。本场直播的新增用户数与之前相比偏差较大，即属于异常数据。此时直播团队就需要采用特殊事件分析法来查找出现异常数据的原因。

异常数据往往与某个特殊事件有关，如直播标签的更改、开播时间的更改、封面风格的更改等。因此，直播团队在记录日常数据时，也需要记录这些特殊事件，以便在直播数据出现异常时快速找到数据变化与特殊事件之间的关系。

4．编制报告

数据分析的最终结果需要汇总成数据分析报告。由于直播团队在数据分析过程中使用了大量的图、表，因此，一般用 PPT 的形式来编制数据分析报告。

数据分析报告一般可分为开篇、正文和结尾三个部分。其中，开篇由目录、前言组成，正文主要阐述观点和论证观点，结尾由结论和建议组成。

（1）开篇

开篇包括目录和前言两部分。

其中，目录是数据分析报告的大纲，要求结构清晰、逻辑有序，以便让阅读者快速了解整个报告的内容。目录一般需要直播团队按照"总—分—总"的结构来策划三个部分的内容，即分析目的、分析要点、结论与建议。

前言是对数据分析报告的分析目的、分析背景、分析思路、分析方法、数据结论等内容的基本概括。

（2）正文

正文的观点阐述和论证过程是数据分析报告的核心部分，直播团队需要先概括出清晰、明确的观点，再通过详细的数据图表和解说文字来论证观点。

在进行数据分析时，直播团队一般通过对一些数据进行分析，从而推导出结论，如图 10-2 所示。这些结论在数据分析报告的正文中就是"观点"，而数据分析过程中的数据图表就是观点的有力论据。

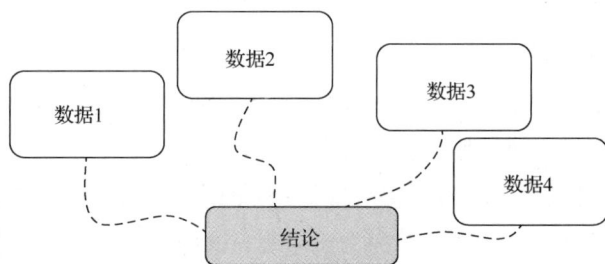

图 10-2　数据分析的逻辑

编制正文的思路与数据分析的过程相反，编制正文需要先提出观点（结论），再论证观点。这也意味着，直播团队在编制正文时，需要先罗列观点，以厘清正文的编写思路，如图 10-3 所示。

（3）结尾

结尾部分的结论和建议是依据正文的观点而总结出的最终结论。结论的表述要求准确、简练、有价值。在结论准确的基础上，直播团队可以提出自己的见解和建议，以便为之后的直播决策提供参考依据。

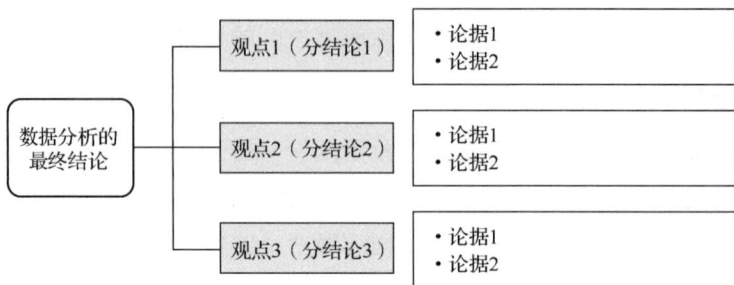

图 10-3　正文的编写思路

此外，为了提升数据分析报告的可读性，在确保数据分析报告内容质量的基础上，也可以在 PPT 中加入一些动态展示效果，以提升阅读者阅览报告的兴趣。

课堂讨论

在条件允许的情况下，尝试在直播平台开一场直播，看一看会出现哪些数据。

10.2.2　数据分析的常用指标

直播团队在采集数据的过程中，会看到很多数据指标。不同数据指标有不同的意义和价值，直播团队需要了解这些数据指标，分析这些数据指标，从而优化直播方案，进而优化这些数据指标。在此，主要讲述直播团队常用的四种数据指标，即用户画像数据指标、人气数据指标、互动数据指标及转化数据指标。

1. 用户画像数据指标

用户画像数据指标包括用户的性别、年龄、地域、活跃时间（天/周）、来源等。例如，抖音直播平台某主播的用户画像数据如图 10-4 所示。

从图 10-4 中可以看出，该主播的女性用户比男性用户多。在年龄分布上，18～23 岁、24～30 岁及 31～40 岁的用户占比较高，这部分用户可能更偏爱有时尚感的商品，且消费能力普遍较强；在用户活跃时间分布上，在周五用户活跃度明显更高。

2. 人气数据指标

人气数据指标也叫流量数据指标，人气数据指标包括观看人数、新增粉丝、人气峰值、"转粉"率（新增粉丝数/观看人数）、平均在线人数、本场点赞数、本场音浪、送礼人数等方面的数据。一般情况下，直播团队通过第三方数据分析工具可以采集到这些数据。例如，第三方数据分析工具"灰豚数据"汇总的某知名主播直播间的人气数据如图 10-5 所示。

用户性别分布

男性　女性

39%

61%

年龄分布

40.00%
35.00%
30.00%
25.00%
20.00%
15.00%
10.00%
5.00%
0.00%

10.28%　29.16%　35.96%　20.06%　2.02%　2.52%

18岁以下　18～23岁　24～30岁　31～40岁　41～50岁　50岁以上

用户活跃时间（周）分布

35.00%
30.00%
25.00%
20.00%
15.00%
10.00%
5.00%
0.00%

13.22%　15.18%　13.71%　6.46%　29.95%　12.77%　8.71%

周一　周二　周三　周四　周五　周六　周日

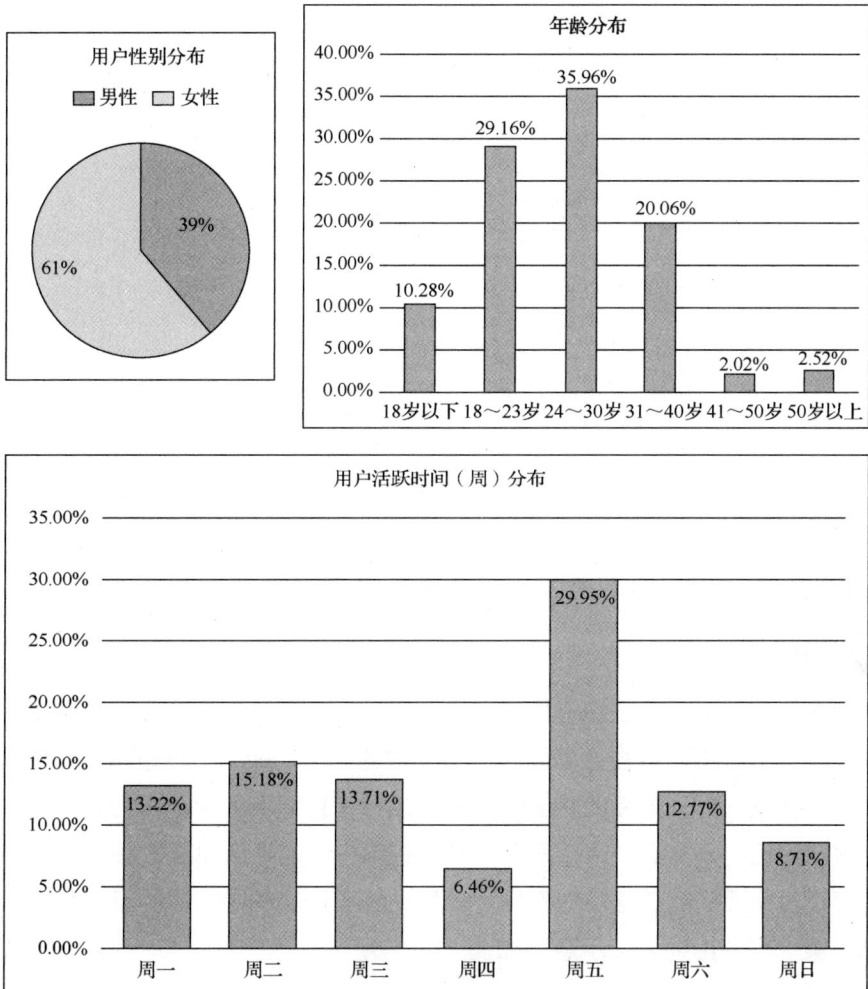

图 10-4　抖音直播平台某主播的用户画像数据

🔥 人气数据 ⑦

观看人数	人气峰值	平均在线人数	本场音浪
517.0万	**6.2万**	**3.3万**	**13.8万**
新增粉丝2.5万⑦	"转粉"率0.5%⑦	本场点赞614.4万	送礼人数2.8万

观看人数　在线人数　　　　　　　　　与　总量

600.0万
500.0万
400.0万
300.0万
200.0万
100.0万
0

7.0万
6.0万
5.0万
4.0万
3.0万
2.0万
1.0万
0

01-23 18:49　01-23 19:22　01-23 19:57　01-23 20:32　01-23 21:09　01-23 21:43　01-23 22:17　01-23 22:52　01-23 23:27　01-24 00:03

图 10-5　某知名主播直播间的人气数据

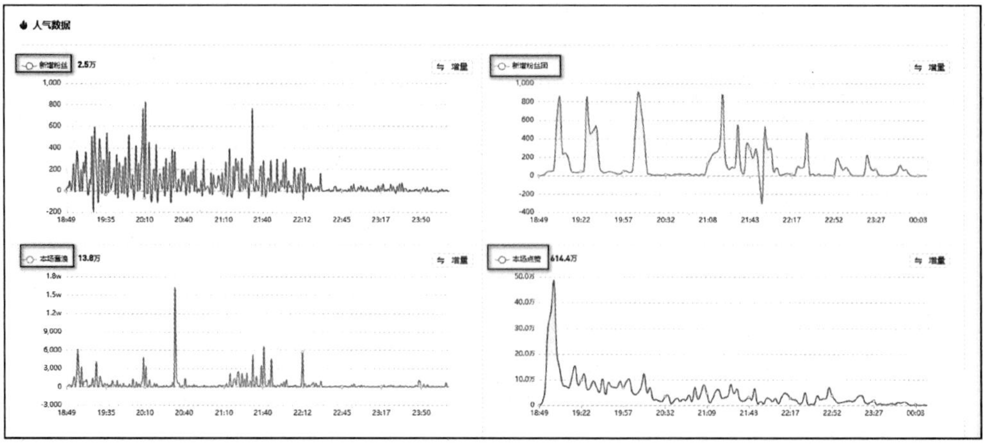

图 10-5　某知名主播直播间的人气数据（续）

根据这些人气数据的波动图，直播团队可以根据人气数据出现波动的时间节点分析数据波动的原因，从而优化直播间的引流方案和互动方案。

3．互动数据指标

互动数据指标是指用户在直播间的互动行为数据。互动行为主要包含点赞、评论、分享和关注等。互动用户数占直播间用户访问数的比例，即为本场直播的互动率。

除了以上数据之外，直播团队还可以根据用户在直播间的评论内容，通过"词云生成器"制作"评论词云"。"评论词云"可以将用户评论中出现次数最多的关键词突出显示，从而让直播团队能够直观地看到用户互动频率最高的内容，进而据此快速地调整直播运营方案。"评论词云"示意图如图 10-6 所示。

图 10-6　"评论词云"示意图

4．转化数据指标

转化数据指标是指引导成交的数据。在淘宝直播平台，转化数据指标主要包括两项内容，即商品点击次数和引导成交金额。

商品点击次数是指用户点击直播商品进入详情页及直接将直播商品加入购物车的总数据。引导成交金额是指用户通过直播间的引导把直播商品加入购物车并且支付成功的总金额。

如果商品点击次数过少，那么，直播团队就可以初步判断，主播推荐商品的力度或商品本身的吸引力是不足的，需要找出不足之处，积极改进推荐方法。

如果商品点击次数多，但引导成交金额少，那么，很可能是商品口碑、商品详情页或商品定价存在问题，从而影响了用户的购买意愿。直播团队需要优化选品环节，优化直播间的商品配置，或者优化商品的促销方式。

> **课堂讨论**
>
> 　　在条件允许的情况下，尝试在直播平台开一场直播，并分析后台的直播数据，评估这场直播的优点和缺点。

思考与练习

1　简述直播复盘的基本步骤。

2　简述数据分析的基本步骤。

3　数据分析的常用指标有哪些？各项数据指标有什么作用？

PART 11

第 11 章
直播营销的经典案例分析

知识目标

➤ 了解知名直播间的成功之道。

➤ 从案例中了解各种直播营销策略的作用。

素养目标

➤ 通过案例分析学习，认识到直播营销对服务经济社会发展的重要作用。

➤ 总结案例中的成功经验，为直播行业健康发展贡献力量。

➤ 从案例中反思自身问题和不足，提升预见风险和管理直播营销活动的能力。

他山之石，可以攻玉。拆解并学习直播营销的优秀案例，有助于新手直播团队快速提高实操技能，也有助于成熟直播间的转型升级。本章将深入解读东方甄选、鸭鸭羽绒服及秋叶大叔的直播营销案例，解读其运营策略。

11.1　东方甄选的直播案例分析

2021 年 10 月，俞敏洪在东方甄选直播间进行了"带货"首播，这场直播完成了 480 万元的销售额，在一众名人直播间中，这样的销售数据并不亮眼。直至 2022 年 6 月，东方甄选直播间突然"爆"了，账号"粉丝"数在短短一周内，由 200 万跃升至 1000 多万，接下来，直播间成交额迅速上升，直播间冲入抖音的榜单前列，随后的几个月累计销售额迅速突破 20 亿元。

11.1.1　东方甄选的直播运营策略

东方甄选直播间，一度被一些直播团队视作学习标杆，其独树一帜的讲课式直播与不徐不疾、娓娓道来的"带货"风格，在抖音平台吸引了众多用户。具体而言，东方甄选直播间的运营策略如下。

1. 输出优质内容

东方甄选直播间运营的最初半年，并没有获得特别多的关注。令其直播"出圈"的是直播间的优质内容。主播通过知识输出，赢得了差异化竞争优势。

（1）独特的双语"带货"方式

让东方甄选直播间受到较多关注的是直播间的双语直播"带货"方式，如图 11-1 所示。主播直接将课堂"搬"到直播间，结合文学、历史、哲学、地理知识及弹唱等，向用户输出别开生面的直播内容，令直播间用户耳目一新。

图 11-1　主播的双语"带货"

（2）富有价值感和感染力

东方甄选直播间主播曾任教师，知识储备丰富，无论是典故，还是诗词歌赋，总能脱口而出，带给用户更多价值感。得益于过往的授课经历，东方甄选直播间主播颇具感染力，无论是对个人故事还是各领域知识，都娓娓道来，直播风格亲和、真诚，能触动用户的内心。

（3）传递积极价值观

东方甄选直播间备受关注，还有一个重要原因，即主播本身传递出的积极向上、坚持理想和情怀的精神和"在绝望中寻找希望"的价值观。例如，某位主播在直播间与用户聊起知识的作用时，说道："知识的魅力就在于：它不会让你跑得很快，但却能让你在风暴来临的时候，稳稳地扎根下来。"类似的直播话术已经远远超出"销售产品"这件事本身，而有了更丰富的内涵，也向用户传递了积极价值观。

（4）安静售卖

直播行业有一个说法，即场越大，主播声音也越大，这是为了营造更热闹的氛围。然而，东方甄选直播间无论有多少用户在线，主播往往都选择用安静、真诚的方式和用户交流，让用户享受一边学习知识，一边购物的快乐。优质的观看体验俘获了很多用户的心，尤其是中产用户群体。

2. 锚定三农赛道，建立自营品牌

2020 年以来，在乡村振兴等政策方针背景下，许多通过输出差异化内容的三农达人，在抖音等短视频平台陆续走红。东方甄选直播间最初锚定的正是三农赛道。

（1）主打高品质、高性价比的三农产品

东方甄选直播间以品质较高的三农产品为主，如五常大米、南美白虾、阳光玫瑰青提、龙虾尾、牛排等，主打的是高品质和高性价比。这类产品相较同类产品，价格不低，但品质较有保证，满足了对生活品质有较高要求的用户的需求。

图 11-2 所示为蝉妈妈数据平台提供的东方甄选用户画像。其直播间用户以 31～40 岁女性为主，地域则以上海、北京等一线城市为主，用户群体消费水平较高，购买力较强。

（2）立足长远，打造自营品牌

东方甄选建立了自营品牌，定位于中高端产品，品类最初以生鲜食品为主。在获得较高的市场认可度后，东方甄选的自营品类逐渐向其他品类扩展，如茶、床上用品等。据东方甄选 2023 财年的财报，东方甄选自营产品及直播电商分部营收为 39 亿元，约占其总营收的 86%。2023 年 7 月下旬，东方甄选直播间因故无法将自营品上架至直播间"小黄车"，于是，东方甄选宣布东方甄选 App 内的自营产品按 8.5 折销售。用户纷纷进入东方甄选 App 选购商品，其自营品单日的销售额就突破了 3000 万元。整体而言，用户对东方甄选的忠实度较高，对其自营品牌的认可度也比较高。

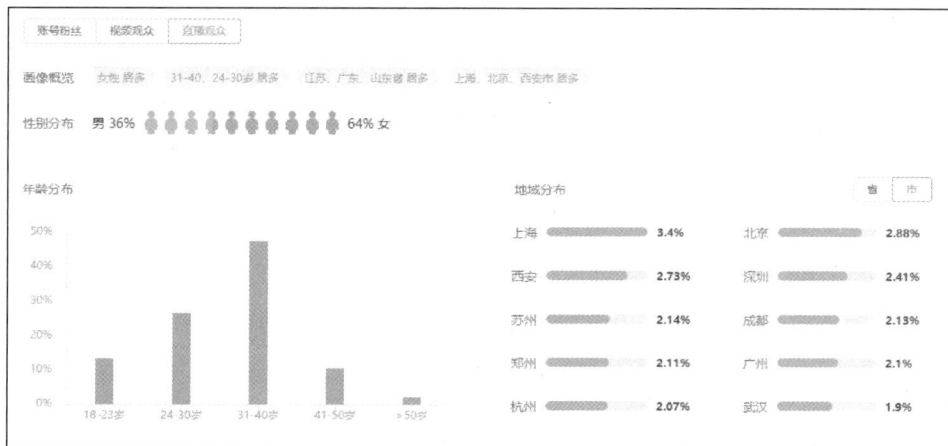

图 11-2　东方甄选直播用户画像

（3）打造"三农+文旅"特色标签

2022—2023 年，东方甄选直播间开展了多次"地方行"专场直播活动，如"海南行""云南行""浙江行""山西行""四川行""新疆行"等，一边借直播带用户观赏各地风景名胜，一边推荐富有地方特色的农产品和文旅产品。东方甄选系列专题直播吸引了大量用户关注，成效也十分显著。例如，2023 年 9 月，东方甄选开启的"新疆行"直播，整趟行程由数十名主播接力直播，首场单日销售额超过 1 亿元。

3. 多平台打造主播人设

东方甄选积极通过多个平台打造主播人设，其直播间精彩片段经剪辑后，在抖音、小红书、视频号、B 站等多个平台流传，进一步丰富了主播人设，抬升了主播的热度。例如，截至 2023 年 9 月底，在小红书平台，东方甄选某主播账号仅发布了 12 条视频，却已获得 18 万个赞和 30 余万个粉丝。

> **课堂讨论**
>
> 你看过或听说过东方甄选的直播吗？对比其他直播，有什么特别的感受吗？

11.1.2　东方甄选直播案例解析

2023 年 9 月 10 日至 15 日，东方甄选受新疆维吾尔自治区文化和旅游厅的邀请，携大约 30 名主播赴新疆游览、直播，将直播"带货"与旅游和文化推介相结合，起到了很好的效果，首日销售额就突破 1 亿元大关，整个专场观看人次超过 9000 万。

1. 直播活动拆解

这场活动内容丰富，既蕴含文化价值，也有丰富的经济价值。其特点如下。

（1）直播形式

东方甄选借助旅游直播形式，结合主播擅长的知识讲解，再附带"带货"功能，在直播间为用户呈上的既有旅游导览，又有各类演出，还有可靠、性价比较高的商品，最终也提升了当地的经济收入、提高了当地的旅游热度。这场直播，可谓一举多得。

（2）直播内容

直播期间，除了商品讲解等环节外，还穿插了大量演出。活动首日，几位主播穿着当地服饰，献上了歌曲串烧和即兴演说，当地的表演团队献上了歌舞表演。整场直播隆重、热烈而大气，如同一次节日盛会。

其后的几天，主播们前往新疆不同景点，一边游玩直播，一边向用户介绍当地的风土人情，同时也销售当地特产等。

（3）推广策略

直播开始前，东方甄选通过各平台账号发布了预热的商业电视广告（Television Commercial）短片、行程与时间预告等，主播用诗意的文字表达了对这次专场直播的期待："新疆之于我，总是盖着一层朦胧的雾，以至于当我决定写些什么时，竟不知从何处下笔，我试图拨开雾霭，窥探它真实的样子，却不承想会被这一眼美得沉醉，醉得贪睡梦里……"动情的文字和新疆的美景契合，让网友充满了期待。东方甄选直播预热视频如图 11-3 所示。

图 11-3　东方甄选直播预热视频

此外，直播间数位高人气主播通过自己的新媒体账号，在 2023 年 8 月下旬到 9 月上旬，持续发布多条关于新疆美景的视频，单条视频点赞量在 20 万～150 万，总曝光量非常可观。

同一时期，当地媒体通过微信公众号等各大渠道大力宣传直播活动，并在直播开始后同步进行了直播。

直播活动期间，民众反响热烈，线上线下围观者众。不少当地人还通过短视频喊话主播，希望主播留下来等，接着，当地媒体也开玩笑喊话，希望"留下主播做女婿"，进一步助推了直播活动的热度。

（4）直播活动效果

专场直播首日，销售额就突破 1 亿元大关。根据东方甄选公布的数据，直播间的新疆奶酪包单日成交超过 10 万单；西梅干、甜杏干等特色果干销售超过 6 万单；由新疆棉花制成的棉被销售火爆，在主播开讲前就销售了数千单；一款热门旅游套餐，单日成交额将近 700 万元。

2．直播营销策略分析

东方甄选的"新疆行"专场直播活动成功地将旅游、文化介绍与商品销售融合在一起，通过新颖的直播形式和丰富多样的内容吸引了大量用户，获得了良好的销售效果和口碑。这种综合性的营销策略在销售商品、留住用户及提升品牌知名度等方面都取得了巨大的成功。

（1）新颖的直播形式

东方甄选采用了旅游直播形式，不仅向用户呈现了旅游导览，还加入了主播的知识讲解，以及商品的介绍与销售。这种直播形式满足了不同用户的需求，让用户既有文化和旅游体验，又有购物体验，提升了直播的吸引力。

（2）丰富多样的内容

东方甄选的直播内容丰富多样，包括当地的歌舞表演、即兴演说、旅游景点导览、风土人情介绍以及商品销售等。多元化的内容让用户在直播中获得多层次的体验，不仅丰富了用户的观看体验，还延长了用户在直播间的停留时长。

（3）优秀的推广策略

在活动前期，东方甄选采用了多种方式进行预热和宣传，包括 TVC 短片、主播的情感化文字表达，以及高人气主播的个人视频等。这些策略成功地营造了期待感，引发了用户的兴趣，为直播活动的成功开展打下了坚实的基础。

（4）线上线下融合

直播活动不仅在线上进行，还吸引了线下的围观者，甚至引发了当地媒体的报道和喊话。这种线上线下融合的策略增强了活动的影响力，使更多人关注和参与其中。

你观看或听说过东方甄选的直播吗？其直播间最吸引你的是什么？

11.2　鸭鸭羽绒服的直播案例分析

鸭鸭是一家羽绒服品牌，在 2019 年，其整体销售额仅 8000 万元。通过积极布局抖音、小红书等平台，鸭鸭的全平台销售额在 2022 年超过了 100 亿元，还多次登上抖音的销售热榜。

11.2.1　鸭鸭羽绒服的直播运营策略

在多数人的印象里，羽绒服在冬季的销量比较好，其他季节则略微滞销。然而，鸭鸭通过有节奏的直播电商营销，拉长了羽绒服的销售周期，拉升了品牌的销售额。同时，鸭鸭通过差异化账号设计，覆盖不同的群体，提高了用户触达度。

1. 把握营销节奏，拉长营销周期

服装品类很依赖用户对服装的反馈，羽绒服也是这样。为此，鸭鸭品牌总监胡诗琦在一次采访中分享了鸭鸭先筛选再大力推广的方法，归纳起来即淡季测品，旺季出击。

（1）淡季测品

在天气较暖的季节，鸭鸭直播间主要进行测品和品牌曝光活动。其测品方法有两种。

方法一：将测试品置于直播间的 2 号或 3 号链接，主播讲解 1 号链接商品时，后台同步观察 2 号链接商品与 3 号链接商品的点击率，从而决定取舍。

方法二：主播轮流过品，通过用户点击率选出更受用户欢迎的商品。

这样测试下来，品牌方便锚定了这一季的潜在"爆品"。

接下来，随着气温逐渐降低，鸭鸭开始增加对商品的曝光，通过拍摄广告、投放广告及向合作达人寄送商品合作推广等，为新品蓄势积能。

（2）旺季出击

进入 11 月后，天气逐渐转凉，鸭鸭开始密集发起品牌自播与达人直播。这一阶段，直播间继续推广选定的羽绒服，并邀请头部达人同步进行"带货"曝光，甚至邀请知名演员参与直播，为用户展示商品的上身效果，从而拉升主推品的销量和口碑。

进入 12 月后，品牌开始全力出击。在商品价格方面，围绕主推品价格调整选品，使其他品价格与主推品接近，从而吸引精准用户群体。在主播方面，调拨实力较强的主播"打头阵"，拉升起始流量。

经过这样一番操作，新品的销售周期、曝光量和销售额，更容易有突破。

2. 打造品牌矩阵，差异化销售

羽绒服面向的群体，覆盖不同性别、年龄段，商品本身的价格从 100～800 元不等，差距较大。为了覆盖精准群体，推销更多品类，鸭鸭根据商品性质打造了不同的品牌账号。以鸭鸭旗下的账号"鸭鸭箱包旗舰店""鸭鸭官方旗舰店""YAYA 鸭鸭羽绒服旗舰店"为例，其主推品及用户画像，如表 11-1 所示。

表 11-1　鸭鸭主推品与用户画像[①]

账号	账号主推品	用户画像
鸭鸭箱包旗舰店	儿童羽绒服、羽绒马甲、男款羽绒服、简约短款羽绒服	女性占比为 82%，以 31～50 岁为主，价格偏好以 100～300 元为主
鸭鸭官方旗舰店	休闲、淑女款羽绒服	女性占比为 88%，以 24～40 岁为主，价格偏好以 300～500 元为主
YAYA 鸭鸭羽绒服旗舰店	时尚、休闲款羽绒服；情侣款羽绒服	女性占比为 82%，以 24～40 岁为主，价格偏好以 100～300 元及 300～500 元为主

由表 11-1 不难看出，鸭鸭针对不同性别、年龄、消费价格偏好的用户群体，有差异地设计了品牌矩阵账号，由此提高了每一个账号的用户精准度，并有效覆盖了更多用户群体。

课堂讨论

你看过羽绒服类直播间的直播吗？这类直播间能够吸引你下单的因素可能有哪些呢？

11.2.2　鸭鸭羽绒服直播案例解析

作为一家老牌的羽绒服品牌，鸭鸭通过积极布局抖音等兴趣电商平台，让品牌焕发了全新的光彩，其直播营销活动不仅对服装类直播间，对大量主要依靠线下门店渠道的品牌而言也颇具借鉴意义。

1. 直播活动拆解

（1）直播形式

鸭鸭直播间以品牌"带货"自播为主，采取主播轮播方式进行。在 9～11 月，直播间主要增加当季新品的曝光量；进入 12 月后，则开始主推重点品。

（2）直播内容

鸭鸭直播间以主播一边试穿羽绒服，一边讲解为主，主播还会通过搭配、道具等展示商品的卖点。

---

① 笔者注：表格中统计的数据时间为 2023 年 9 月，数据来自第三方数据平台蝉妈妈。

- 上身试穿。在直播间，主播会根据用户的需求试穿不同颜色的羽绒服，向用户展示上身效果。对于明显更受用户喜爱的颜色、款式，主播试穿和讲解的时间则会明显增加。在对一款含羽绒冲锋衣的讲解中，主播通过单穿冲锋衣、冲锋衣搭配内胆羽绒服、冲锋衣配单肩包等不同的穿搭形式，详细讲解了同一款商品的不同穿搭方法，如图 11-4 所示，细致的讲解满足了不同用户的需求。

图 11-4　主播讲解并试穿冲锋衣

- 每隔 15 分钟发放福袋。鸭鸭直播间除了通过穿搭讲解延长用户停留时长外，也通过短间隔发放福袋的方式，有效吸引用户停留观看。通过蝉妈妈数据平台可以观测到，"鸭鸭官方旗舰店"直播间每隔约 15 分钟就会发放一次福袋，如图 11-5 所示。福袋奖品通常为品牌的自营商品，如羽绒裤等。

- "爆品"返场。由于服装类直播间，主播试穿换装等需要时间，而一次通常只展示一款服装，有时难免出现已经过品，但用户要求主播继续试穿、讲解上一款服装的情况，这时，有经验的主播往往会让用户稍做等待，后续再"返场"为用户试穿或讲解其心仪的服装。鸭鸭旗下直播间也常借助"返场"，进一步提高商品的销量。根据第三方数据平台可知，鸭鸭旗下部分商品"返场"时的转化率可达 30%以上。

"鸭鸭官方旗舰店"粉丝量在百万级，然而其"带货"水平达到头部水平，直播转化效果颇为可观。

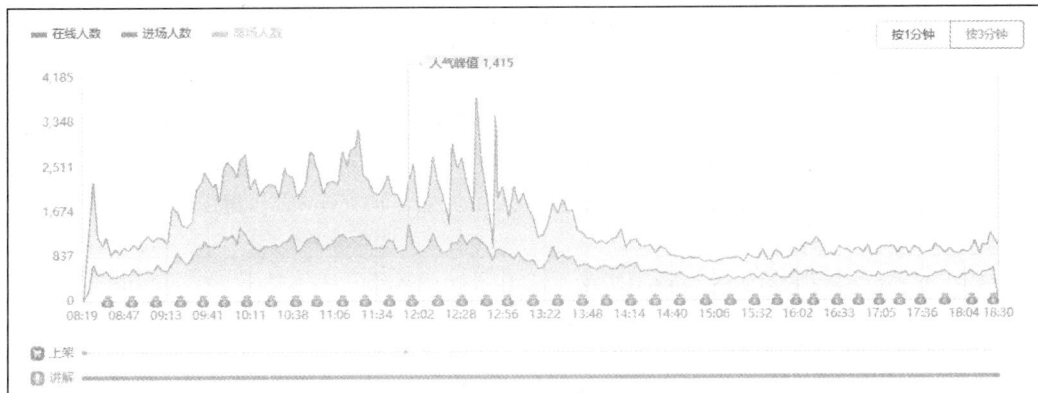

图 11-5　密集有序的福袋发放

2. 直播营销策略分析

鸭鸭成功地放大了服装直播的优势，将直播重点放在穿搭演示、互动体验和即时解答上，以满足用户的购物需求。这种策略不仅提高了用户参与度，还增强了用户的购买欲望，为品牌创造了良好的销售效果。同时，通过长周期的直播营销活动，直播间将观众转化为用户，为当季"爆品"的打造提供了有力的支持。

值得留意的是，鸭鸭也很善于通过打造热点话题为直播间造势，例如，鸭鸭曾联合某位运动健身主播发起"疯狂鸭鸭舞"挑战赛，全网曝光量超过 6 亿，并促使品牌连续数日登上同类赛道成交榜第一名。此外，鸭鸭曾抓住行业淡季时机策划热点营销事件，实现"破圈"效果。2022 年 9 月，鸭鸭策划的反季羽绒服走秀直播在线人数峰值超过 3 万人，活动期间的销售额突破了 5 亿元。鸭鸭还曾因奇特新颖的"雪山直播"登上热搜榜。

无论新兴消费品牌还是拥有一定口碑的老品牌，通过"人、货、场"方面的创新，通常可在抖音挖掘新的增量市场。

> **课堂讨论**
>
> 试观看不同羽绒服品牌的直播间，思考鸭鸭直播间有哪些更吸引你的因素。

11.3　秋叶大叔的直播案例分析

秋叶大叔原名张志，是一名教师兼作家。秋叶大叔在职场办公技能、社群运营、个人品牌打造、新媒体运营、短视频与直播运营等方面积累了深厚的专业知识，并带领其团队开发过多个与职前教育相关的图书、网课、训练营、线下版权课等产品，全网付费学员累计超过 100 万人。

11.3.1　秋叶大叔的直播运营策略

秋叶大叔及其团队经常通过直播销讲的形式对自研产品或其他合作伙伴的产品进行推广和销售。在知识付费领域，秋叶大叔直播间的直播数据与成绩较为亮眼，常常能取得不错的转化数据，在单场直播的留存率、互动量、转化率等方面也不输拥有众多粉丝的知名主播。

秋叶大叔及其团队主要运用了以下几种直播运营策略。

1. 注重私域流量运营

在"粉丝不是流量，愿意为你付费的粉丝才是有效流量"理念的影响下，秋叶大叔制定的新媒体营销策略，并不一味地以"涨粉"为目的，反而倾向于从公域流量中筛选付费用户，并将其导入私域流量池，通过长久的陪伴和高质量的运营服务，将其培养成高黏性的"铁杆粉丝"。

（1）汇聚付费用户

秋叶大叔及其团队的新媒体运营涵盖了大部分主流平台，如抖音、快手、微博、微信公众平台、知乎、哔哩哔哩（B 站）、小红书等，其所打造的新媒体矩阵的全网粉丝数已超过 3500 万。通过发布图文、短视频或直播形式的营销内容，秋叶大叔及其团队进一步从账号粉丝以及公域流量中筛选出付费用户，并设法将付费用户汇聚于微信生态。

例如，秋叶大叔每年会创作一些图书作品，并在书中留下其微信公众号二维码，引导对图书内容感兴趣并且想要了解更多相关内容的用户关注其公众号、领取图书相关的配套资料。在用户领取资料的过程中，秋叶大叔团队的运营人员会鼓励他们加入"秋叶书友会"社群，与更多同频书友共读好书。久而久之，便将部分付费的精准用户引入了其私域流量池。

（2）陪伴式轻运营

许多运营团队在将用户引入自己的私域流量池后，便开始在社群里发布营销信息以及推销产品。但是，如果用户尚未对运营团队产生信任，运营团队急于营销的做法往往会适得其反，引起用户反感。

深谙社群营销核心要点的秋叶大叔及其团队成员，采用的是陪伴式的轻运营模式。

秋叶大叔团队的运营人员每日都在社群内发布实用知识及有价值的信息，如关于个人成长、职场学习等方面的知识，为粉丝策划的福利活动信息等。图 11-6 所示为秋叶大叔创建的"秋叶书友会"微信群内的每日更新内容之一。

每日定时发布内容，培养用户的浏览习惯，又将发布内容的数量控制在合理的范围内，尽量减少对群内用户的打扰。

即使是发布营销活动的推广文案，也尽量使用软性植入的方式，让群内用户先获得有价值的信息，减少用户对营销信息的抗拒心理。

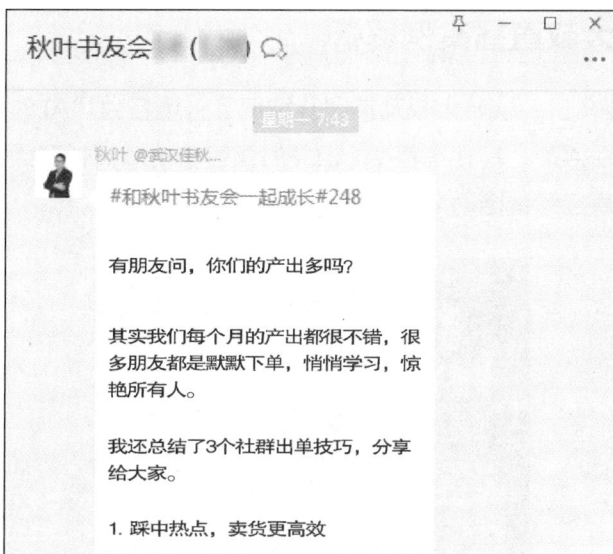

图 11-6 "秋叶书友会"微信群每日更新内容

2. 打造高质量直播间

秋叶大叔打造高质量直播间的方式，主要有以下几种。

（1）汇聚有影响力的直播间用户

秋叶大叔及其团队所搭建的社群中，沉淀了大批黏性较强的"铁杆粉丝"。每当秋叶大叔及其团队发起直播活动，这些"铁杆粉丝"往往会积极参与和支持。

同时，秋叶大叔近年来深耕"个人品牌打造"这一细分领域，"铁杆粉丝"中不乏在各行各业取得成就的企业家、专家等。这类"铁杆粉丝"大多拥有一定的社会知名度，其影响力、号召力、购买力也非普通粉丝可比。

（2）输出有价值的直播内容

秋叶大叔有着多重身份以及丰富的人生经历，他既是学者、作家，也是拥有专业知识和丰富实战经验的行家。因此，秋叶大叔在直播时所输出的内容往往既真实又实用，多有引人深思的观点与见解。深刻而有价值的直播内容，可以不断勾起直播间用户（尤其是新用户）的兴趣，有效提升了直播间用户的观看时长。

（3）打造良好的直播观看体验

秋叶大叔十分注重直播间用户的观看体验。

- 直播刚启动时，注重暖场环节，向每一位进入直播间的用户问好。
- 在直播过程中，适时向用户发起提问，邀请用户在评论区给出反馈。
- 通过饱满的情绪状态感染用户，运用诙谐的语言活跃氛围。
- 单独安排一名助播，时刻关注评论区的用户发言，及时回应用户的评论，并提醒秋叶大叔回复重要问题。
- 遇到负面评论或误解时，及时安抚用户情绪，做出合理解释，给出解决方案。

11.3.2　秋叶大叔直播案例解析

　　2023 年 6 月 28 日，秋叶大叔及其团队组织了一场名为"AI 时代，普通人赚钱的 3 个新思路"的直播活动，旨在销售 AI 相关的高客单价知识付费类产品，最终获得了较高的转化率。其直播营销活动海报如图 11-7 所示。

图 11-7　秋叶大叔团队 AI 设计变现训练营直播公开课海报

1. 直播活动拆解

　　此次直播活动经过秋叶大叔及其团队的精心设计与安排，在以下方面具有优势。

　　（1）直播形式

　　此次直播活动是一场免费且公开分享的直播，由秋叶大叔团队两位高人气导师有姜姜和黑犬任主播。得益于提前布局 AI 相关职场办公技能培训，秋叶大叔团队在该领域获得了很大的先发优势，公开课式直播因此也颇受用户认可。

　　（2）直播平台

　　秋叶大叔及其团队选择微信视频号作为此次直播的开播平台，便于发挥其在微信生态内的私域流量运营优势。

　　（3）直播内容

　　此次直播活动以"AI 时代，普通人赚钱的 3 个新思路"为主题，直播内容主要包括 AI 的优势、普通人如何借助 AI 提升工作效率、AI 设计变现的方式等。当时，AI 话题引发大量关注和讨论，该主题与热点紧密结合。同时，"借助 AI 变现"这一话题有别于当时其他讲授 AI 使用技巧的直播或课程，直播活动因此获得了差异化优势，吸引了不少用户关注。

（4）推广策略

秋叶大叔及其团队充分利用微信生态内的公众号推文、视频号、朋友圈、社群等渠道，及时发布与直播活动相关的宣传推广资料，如公众号软文、视频号 AI 主题视频、朋友圈文案和微信社群文案等，以吸引微信平台的已有粉丝和新用户。截至当晚开播前半小时，该活动已吸引 2000 多名用户预约。

（5）直播活动效果

通过精细的策划与运营，秋叶大叔及其团队成功在当晚成交了 170 余单，其中多数为秋叶的 AI 办公训练营知识付费产品。当晚同时在线人数峰值超过 1000 人，用户平均观看时长达到 9 分 54 秒。当晚，由于用户过于热情、迟迟不肯离去，主播主动延长了讲解时长、推迟了下播时间，团队跟播的人员也积极投入答疑工作。原本预计的直播时长为两个多小时，但在 23：20 之后，主播才告别依依不舍的直播间用户。此次直播营销活动在同类赛道同等级达人中表现十分亮眼。

2. 直播营销策略分析

此次直播活动借助热点——AI，宣传推广运作流畅，加上直播内容实用性强且颇有深度、团队成员配合默契，最终，直播活动顺利完成，并且取得了良好的活动效果。

（1）发挥私域运营优势

抖音、快手等兴趣电商直播平台的流量多、用户基数大，此类平台的主播通过影响力打造或广告投放的方式，即可获取或多或少的流量。微信生态内的营销推广活动需要依赖"熟人"，知识付费类产品尤其如此，主播若想取得良好效果，必须以"建立信任"作为达成交易的前提。

秋叶大叔通过日常的私域运营，深受私域用户信任，也积累了大量"铁杆粉丝"。因此，在微信生态内发起直播活动，有利于秋叶大叔团队发挥私域流量以及粉丝黏性强的优势。秋叶大叔团队为此次直播活动发布的营销软文获得了超过 9 万次的阅读量，吸引了不少精准用户预约。

（2）直播分享内容价值高

从直播分享的内容上看，秋叶大叔及其团队不仅自身把握住了 AI 带来的红利，还拥有帮助他人成功借助 AI 提升职场办公技能或实现变现的能力。此次直播活动中，主播分享的内容包含了自己及团队对行业的认知与洞察，实用性非常强。此次直播活动也成为秋叶大叔及其团队推广"AI 设计变现营"课程的"关键一役"。

课堂讨论

在条件允许的情况下，看一场秋叶大叔的直播，说一说他的直播有哪些特别之处。

思考与练习

结合本章介绍的直播案例，说一说直播营销的成功之道。